I0167789

Entrenamiento cerebral para niños con TDAH

101 divertidos ejercicios y puzles de lógica para mejorar la atención, la concentración, la autorregulación y las habilidades de funcionamiento ejecutivo

© Copyright 2024

Todos los derechos reservados. Ninguna parte de este libro puede ser reproducida de ninguna forma sin el permiso escrito del autor. Los revisores pueden citar breves pasajes en las reseñas.

Descargo de responsabilidad: Ninguna parte de esta publicación puede ser reproducida o transmitida de ninguna forma o por ningún medio, mecánico o electrónico, incluyendo fotocopias o grabaciones, o por ningún sistema de almacenamiento y recuperación de información, o transmitida por correo electrónico sin permiso escrito del editor.

Si bien se ha hecho todo lo posible por verificar la información proporcionada en esta publicación, ni el autor ni el editor asumen responsabilidad alguna por los errores, omisiones o interpretaciones contrarias al tema aquí tratado.

Este libro es solo para fines de entretenimiento. Las opiniones expresadas son únicamente las del autor y no deben tomarse como instrucciones u órdenes de expertos. El lector es responsable de sus propias acciones.

La adhesión a todas las leyes y regulaciones aplicables, incluyendo las leyes internacionales, federales, estatales y locales que rigen la concesión de licencias profesionales, las prácticas comerciales, la publicidad y todos los demás aspectos de la realización de negocios en los EE. UU., Canadá, Reino Unido o cualquier otra jurisdicción es responsabilidad exclusiva del comprador o del lector.

Ni el autor ni el editor asumen responsabilidad alguna en nombre del comprador o lector de estos materiales. Cualquier desaire percibido de cualquier individuo u organización es puramente involuntario.

Índice de contenidos

Carta de presentación a los padres

Estimados padres:

Tienen ante ustedes un completo libro repleto de actividades que ejercitan el cerebro de los niños con TDAH. El Trastorno por Déficit de Atención e Hiperactividad, comúnmente conocido como TDAH, es una afección del neurodesarrollo que afecta a los aspectos sociales, emocionales y educativos de la vida. Este libro aborda los problemas más comunes a los que se enfrentan los niños con TDAH, incluida la incapacidad para concentrarse, memorizar cosas, manejar emociones intensas, organizar sus vidas y construir y mantener relaciones.

Este libro aborda los retos físicos, emocionales y mentales de su hijo, dotándole de las herramientas que necesita para superar sus problemas y desenvolverse en el mundo. Mediante estas actividades, su hijo aprenderá habilidades que podrá aplicar a lo largo de su vida y que le permitirán convertirse en un adulto seguro de sí mismo y productivo. Además, los ejercicios sentarán las bases del aprendizaje a través de la diversión, una forma probada de ayudar a los niños a adquirir habilidades esenciales para la vida.

Carta de presentación a los niños

¡Hola, niños!

¿Conoces esa sensación cuando tienes que terminar una tarea y no puedes concentrarte por mucho que lo intentes? Sabes que, si no la terminas a tiempo, te perderás algo divertido, pero no consigues concentrarte. Cuanto más lo intentas, más te desvías de tus pensamientos, lo que hace que te enfades y te sientas frustrado.

Si esto te resulta familiar, no te preocupes: ¡no estás solo! Muchos otros niños y adultos luchan con esto, pero hay ayuda para todos. Este libro te ayudará a vencer las distracciones mediante actividades lúdicas que puedes hacer solo o con tus padres, amigos o familiares. Cada ejercicio es divertido y fácil de completar, pero completarlos te enseñará a afrontar las dificultades sin sentir que es el fin del mundo.

Al ayudarte a explorar tus puntos fuertes y débiles y enseñarte a desarrollar las habilidades que necesitas para superar tus retos, este libro te mostrará cómo ir por la vida de una forma diferente y mejor. Una vez que hayas aprendido estas habilidades, podrás utilizarlas siempre que sea necesario, ¡incluso cuando seas mayor!

Sección 1: Descifrando el TDAH

El TDAH es una enfermedad que hace que las personas pierdan la concentración y el control sobre sus emociones y acciones. Es una forma única de pensar y experimentar el mundo: se llama ser neurodivergente. No por ello vales menos que una persona neurotípica (alguien que no tiene TDAH). Por ejemplo, puedes tardar más en terminar los deberes que tus hermanos o compañeros de clase porque tienes que esforzarte más para concentrarte en ellos.

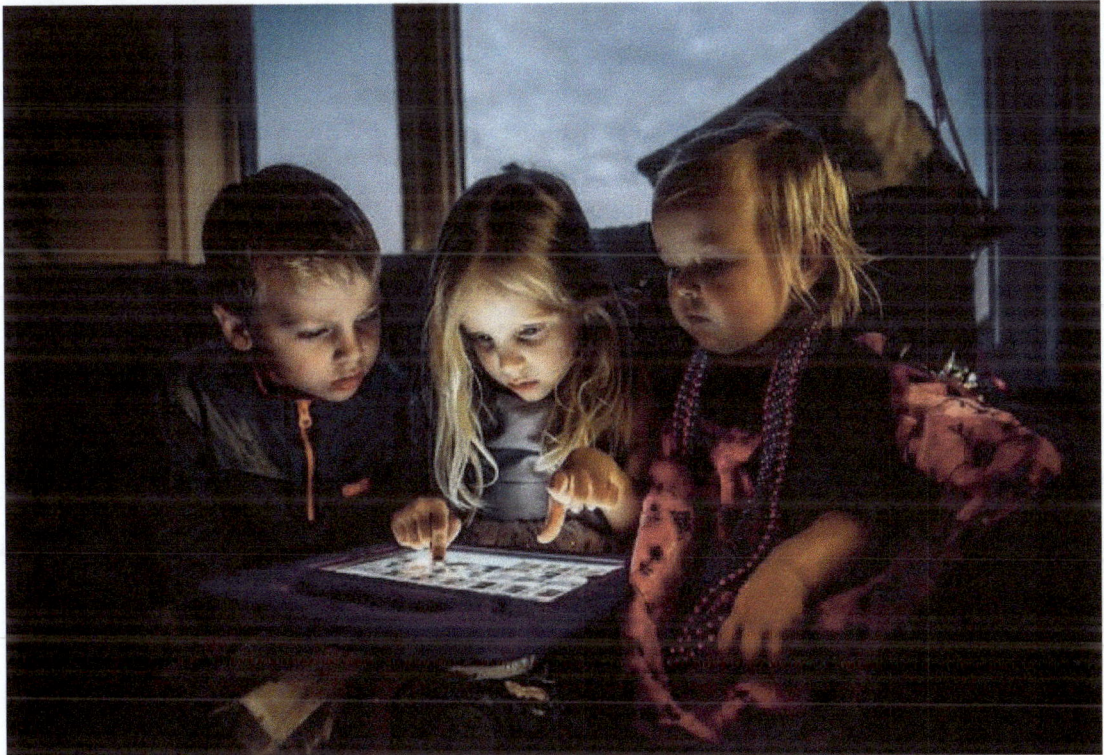

Puede que tardes más en terminar los deberes que tus hermanos o compañeros de clase porque tienes que esforzarte más en concentrarte en ellos

https://www.pexels.com/photo/three-children-looking-at-a-tablet-computer-3536480/

Sin embargo, el TDAH puede afectar a mucho más que las tareas escolares o los deberes. También puede hacer que pospongas las tareas domésticas y que te cueste hacer amigos porque no puedes controlar tus emociones intensas. A pesar de todos estos aspectos negativos, el TDAH es una enfermedad controlable. Las personas que lo padecen pueden vivir felices y tener éxito. Todo es cuestión de aprender a controlar los síntomas e idear las mejores estrategias para superar las dificultades.

Para aprender a sobrellevar la enfermedad, hay que saber qué tipo de TDAH se padece. He aquí los principales tipos:

- **Desatento y distraíble:** Las personas con este tipo no son hiperactivas. Pierden la concentración con facilidad y se distraen con todo y con todos los que les rodean.

- **Impulsivo e hiperactivo:** Las personas con este tipo son demasiado activas y a menudo actúan sin pensar, pero no tienen problemas para concentrarse.

- **Combinado:** Este tipo combina los otros dos y provoca poca capacidad de atención, impulsividad e hiperactividad.

LOS 3 TIPOS DE TDAH

en su mayoría Hiperactivos – Impulsivos

TDAH-HI

La mayoría de la gente piensa en extraterrestres cuando oye TDAH.

Son hiperactivos al hablar o moverse, impulsivos y siempre están buscando nuevos caminos en la vida. Las emociones pueden estallar rápidamente, ¡ya que son muy apasionados!

Pueden soltar una o dos improperios en su lucha contra la injusticia.

(también TDAH-PH)

la mayoría Combinados

TDAH-C

Es probablemente el tipo más "confuso", ya que muestran síntomas de ambos lados, no perteneciendo realmente a una categoría.

Al no ser lo su cientemente hiperactivos como para encajar en el estereotipo, esta ambigüedad puede ser la razón por la que les cuesta darse cuenta de que tienen TDAH.

mayoritariamente Distraído (antes ADD)

TDAH-I

Puede ser el más difícil de detectar debido a la falta de hiperactividad visible.

De hecho, parece que se mueven con una lentitud inusual, ya que intentan lidiar con su mente hiperactiva. Esto les convierte en observadores asombrosos. Puede que no se den cuenta cuando se les habla, pero se darán cuenta hasta de las cosas más triviales. (también TDAH-PI)

Sea cual sea la forma de TDAH que tengas, eres mucho más que los retos que experimentas. Cada tipo viene acompañado de fortalezas y habilidades únicas. Puedes considerarlas como superpoderes que desbloquear. Con un poco de amor y positividad (y los ejercicios que te proponemos a continuación), puedes utilizarlos en tu beneficio y superar tus retos como un superhéroe supera a los villanos.

Ejercicio 1

Determina si estas afirmaciones son verdaderas o falsas para saber más sobre el TDAH. Comprueba en la clave de respuestas de abajo cuántas respuestas aciertas.

1. El TDAH es una enfermedad con la que se puede aprender a vivir.
2. El TDAH es un trastorno o discapacidad mental grave.
3. El TDAH no define quién eres hoy ni quién serás de mayor.
4. Si tienes TDAH, nunca podrás ser tan inteligente como otros niños ni rendir tan bien en la escuela.
5. Puedes superar el TDAH si te portas mejor.
6. Tus padres pueden ayudarte a superar las dificultades.
7. Tienes TDAH, así que puedes salirte con la tuya si te portas mal.

A) Verdadero: Puedes aprender a convivir con tu enfermedad.
B) Falso: El TDAH afecta a cada persona de forma diferente. No es una discapacidad ni un trastorno mental. Tu cerebro está conectado de forma diferente.
C) Verdadero: No tienes que dejar que tu enfermedad te defina.
D) Falso: Si te centras en tus puntos fuertes y aprendes a superar tus puntos débiles, te puede ir tan bien en la escuela como a los que no tienen TDAH.
E) Falso: Cambiar tu comportamiento a la fuerza no te ayudará a superar los problemas emocionales y de pensamiento a los que te enfrentas.
F) Verdadero: Tus padres son tus mejores aliados para controlar el TDAH.
G) Falso: Tener TDAH no es una excusa para tener un mal comportamiento, aunque a veces puede meterte en problemas.

Ejercicio 2

Este ejercicio se llama *"¿Cuáles son mis rasgos TDAH?"*. Requiere que selecciones los retos que más experimentas para que puedas aprender a combatirlos. Marca con una cruz los problemas que recuerdes haber tenido últimamente.

- Dificultad para concentrarte en una tarea durante un largo periodo de tiempo.
- Dificultad para concentrarte en los demás cuando te hablan.
- Distraerte con sonidos, olores y vistas.
- Dificultad para concentrarte en detalles, como encontrar las diferencias entre dos imágenes.
- Olvidarte de lo que tienes que hacer o decir.
- No organizar las tareas escolares o la habitación y perder cosas.
- Dificultad para aprender algo nuevo y sacar malas notas.
- Interrumpir a los demás.
- Ser impaciente: nunca puedes esperar tu turno.
- Hacer y decir cosas sin pensar.

- Dar respuestas sin esperar a que te pregunten.

- Siempre estás en movimiento, aunque no tengas que ir a ningún sitio.

- Te cuesta sentarte o quedarte quieto.

- Te retuerces y agitas cuando se te obliga a estar sentado mucho tiempo.

Ejercicio 3

Aquí tienes una actividad de *"Mis superpoderes"* para descubrir tus puntos fuertes. Marca las habilidades en las que crees que eres bueno.

- Tener mucha energía y no sentirte nunca cansado.

- Reponerte fácilmente después de enfrentarte a emociones o situaciones difíciles.

- Ser un pensador creativo.

- Centrarte intensamente en lo que te gusta hacer.

- Ser valiente y no tener miedo a asumir riesgos.

- Ser honesto y servicial.

- Saber divertirte.

- Saber cuándo te enfrentas a grandes emociones, aunque no sepas cómo afrontarlas.

Ejercicio 4

Dilo en voz alta es una divertida actividad que te enseña a concentrarte y describir lo que estás haciendo o quieres hacer. Cuando hagas una tarea (ya sean los deberes, una tarea doméstica o cualquier otra cosa que requiera atención), di en voz alta lo que vas a hacer. Empieza a hacerlo y repite el recordatorio varias veces si te distraes. Cada vez que lo hagas, haz una marca en un papel. Cuando termines, mira cuántas veces has tenido que recordártelo. Así sabrás cuántas veces te has distraído.

Ejercicio 5

La música también puede ayudarte a aprender más sobre tu TDAH. Si te gusta la música, escuchar tus canciones favoritas durante actividades no relacionadas con la escuela (la música te distraería al hacer los deberes) puede motivarte a seguir con tu tarea. La música ayuda a tu cerebro a organizar las tareas y a mejorar su capacidad para aprender y recordar cosas. También puedes cantar o inventar un baile cuando limpies u ordenes tu habitación. Bailar también es una forma estupenda de quemar el exceso de energía si tienes un TDAH hiperactivo.

1	6					9	3	
						1	8	
2		9				6		1
6			1					
3	1	7	4	2	5	9	6	8
						1		2
		1		8		2		5
		5	7	1				
		6	9				1	3

Los juegos numéricos como el Sudoku pueden mejorar tus habilidades para combatir el TDAH

Wegge at the Danish language Wikipedia, CC BY-SA 3.0 < http://creativecommons.org/licenses/by-sa/3.0/ >, via Wikimedia Commons: https://commons.wikimedia.org/wiki/File:Sudoku_grid_onlypos.png

Los juegos numéricos como el Sudoku pueden mejorar tus habilidades para combatir el TDAH. Coloca los números del 1 al 9 en una cuadrícula como se muestra arriba. Inserta los números en cada casilla, columna y fila sin repetirlos dentro de la fila o columna. Puedes encontrar numerosos juegos de Sudoku en línea con diferentes niveles de dificultad y poner a prueba tus habilidades. Empieza por el más fácil y practícalo hasta que mejore tu capacidad de concentración y memoria.

Ejercicio 7

Modelar (actuar como) tus padres es otra forma excelente de aprender sobre los retos cotidianos. Puede que no se enfrenten a los mismos problemas que tú, pero también tienen dificultades. Pregúntales cómo resuelven sus problemas. ¿Qué hacen cuando se sienten abrumados, frustrados o impacientes? ¿Tienen alguna técnica para hacer una pausa y dejar ir las emociones y pensamientos negativos?

Ejercicio 8

Aprender a mantener la calma es ganar la mitad de la batalla. Aunque es más fácil decirlo que hacerlo, sea cual sea el tipo de TDAH que padezcas, será más fácil gestionarlo si no dejas que tus emociones te abrumen. Una gran técnica consiste en encontrar un espacio tranquilo para calmarte cada vez que experimentes una situación desafiante. Cuando llegues a este espacio, empieza a inhalar mientras cuentas hasta 3, luego exhala mientras cuentas hasta 3 otra vez. Repítelo hasta que sientas que tu cuerpo y tu mente se relajan.

Ejercicio 9

Crear un horario que puedas cumplir hará maravillas en tu capacidad para practicar las habilidades importantes y superar los retos del TDAH. Saber que vas a hacer algo que te gusta después de una tarea frustrante te motivará para seguir adelante. Crea una lista de tareas obligatorias seguidas de actividades divertidas y pronto verás los beneficios. Puedes escribir tu lista en el espacio de abajo.

MIS TAREAS

NOMBRE:

TAREA

	DOM	LUN	MAR	MIÉ	JUE	VIE	SÁB
	☐	☐	☐	☐	☐	☐	☐
	☐	☐	☐	☐	☐	☐	☐
	☐	☐	☐	☐	☐	☐	☐
	☐	☐	☐	☐	☐	☐	☐
	☐	☐	☐	☐	☐	☐	☐
	☐	☐	☐	☐	☐	☐	☐
	☐	☐	☐	☐	☐	☐	☐
	☐	☐	☐	☐	☐	☐	☐
	☐	☐	☐	☐	☐	☐	☐
	☐	☐	☐	☐	☐	☐	☐
	☐	☐	☐	☐	☐	☐	☐
	☐	☐	☐	☐	☐	☐	☐
	☐	☐	☐	☐	☐	☐	☐
	☐	☐	☐	☐	☐	☐	☐
	☐	☐	☐	☐	☐	☐	☐
	☐	☐	☐	☐	☐	☐	☐

Ejercicio 10

Ahora que ya conoces tus puntos fuertes y débiles, es hora de aceptarlos como parte de ti mismo. Para ello, repítete al menos una vez a la semana que tus experiencias son *normales,* aunque difieran de las de otros niños. Reconoce tus diferencias diciéndolas en voz alta.

Ejercicio 11

Aprende más sobre cómo funciona tu cerebro. En Internet hay mucha información: utilízala para saber cómo funciona tu cerebro y por qué funciona de forma diferente al de otros niños. Cuando tengas esta información, intenta relacionarla con tus experiencias. Al menos una vez a la semana, recuerda situaciones difíciles e intenta encontrar sus razones. ¿Qué puedes aprender sobre tu propio cerebro?

Caja de aprendizaje adicional: Aquí encontrarás más información sobre qué hacer cuando te sientas abrumado o necesites ayuda adicional para controlar los síntomas del TDAH:

Divide la escuela y los deberes en partes más pequeñas

Pide ayuda a tus padres para organizar tu habitación y tu mochila

Cuando hagas los deberes o cualquier otra tarea que requiera atención, siéntate lejos de otros niños, puertas, ventanas, etc.

Haz pequeños descansos durante las tareas que requieran estar sentado y concentrado; levántate y muévete, da un paseo, juega con una mascota...

Mantente activo cuando no estés realizando tareas que requieran estar sentado y concentrado

Come alimentos sanos: el exceso de azúcar puede provocar hiperactividad y somnolencia

Duerme lo su ciente: no utilices aparatos electrónicos por la noche porque pueden di cultar el sueño

Sección 2: Entrenamiento cerebral: ¿Por qué lo necesito?

Seguro que has oído que la actividad física es estupenda para ejercitar los músculos y mantenerse en forma. ¿Sabías que también puede ejercitar el cerebro? Esto es lo que hacen las actividades de entrenamiento cerebral:

- Ayudan a desarrollar y reforzar las capacidades cognitivas, como la concentración, la memoria y la agudeza mental.

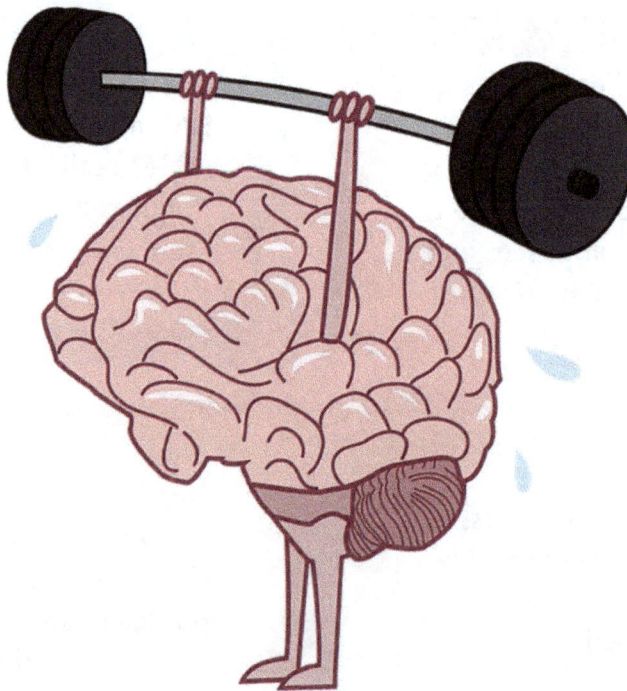

Las actividades de entrenamiento cerebral ayudan a desarrollar y reforzar capacidades cognitivas como la concentración, la memoria y la agudeza mental

https://pixabay.com/illustrations/brain-exercise-training-5983810/

"Una mente en movimiento es señal de crecimiento e inteligencia". Anónimo.

• Cuando tu cerebro dirige mejor tus pensamientos y no se deja distraer, te ayuda a controlar tus emociones. El entrenamiento cerebral es una forma estupenda de aprender sobre los grandes sentimientos y cómo afrontarlos.

Si alguna vez has intentado frotarte la barriga con movimientos circulares mientras te das palmaditas en la cabeza al mismo tiempo, ¡sabrás lo difícil que puede resultar este sencillo ejercicio! Sin embargo, te enseña a concentrarte en lo que estás haciendo y a seguir el ritmo de dos movimientos distintos. Con el tiempo, el cerebro empieza a recordar lo que debe hacer, así que te resultará natural.

"El conocimiento te dará la oportunidad de marcar la diferencia". Claire Fagan.

Construir Legos o completar rompecabezas también son actividades que entrenan el cerebro. En ambos casos, hay que prestar atención, recordar los movimientos anteriores y dónde van las cosas, planificar los siguientes movimientos y ser creativo. Sin embargo, para que cualquier ejercicio funcione eficazmente en el cerebro, *hay que hacerlo con constancia.*

Ejercicio 12

Luz roja - Luz verde es una actividad de grupo que te ayuda con las tareas que requieren movimiento. Una persona se coloca al otro lado de la habitación y hace de semáforo, diciendo luz roja o luz verde, indicando a la(s) otra(s) persona(s) que se detengan o que avancen. Los demás jugadores empiezan a caminar por el espacio y, cuando la persona del semáforo les indica que se detengan, deben hacerlo. Si no lo hacen, deben volver al punto de partida.

Ejercicio 13

El juego *Cabeza - Hombros - Rodillas y Pies* (con un pequeño giro) es otro ejercicio cerebral. En lugar de señalar las partes del cuerpo en la letra de la canción, puedes cambiar los significados. Escribe los cambios y practícalos. Por ejemplo, cuando la canción dice "orejas", puedes señalar tu cabeza, ¡pero tienes que hacerlo siempre así! Cuando diga hombros, te señalas el pecho, etc., lo que hace que tu cerebro trabaje un poco más, ¡mejorando su funcionamiento!

Cuando la canción diga orejas, puedes señalarte la cabeza

https://commons.wikimedia.org/wiki/File:Marines_teach_English_to_Okinawa_students_through_song_play_during_new_program_140 919-M-PJ295-342.jpg

Ejercicio 14

Ritmos de Tambor es para los amantes de la música. Si añades ritmo a una actividad, mejorarás tu concentración y no te distraerás tan fácilmente. Necesitarás un tambor pequeño (o algo que pueda hacer las veces de tambor) y al menos un jugador más. Una persona toca el tambor y la otra o las otras hacen determinados movimientos. Por ejemplo, a un compás, abren los brazos. A dos tiempos, aplauden. A los tres tiempos, saltan a la comba, y a los cuatro tiempos, empiezan a andar.

Ejercicio 15

Puedes jugar al juego del *Enano Gigante* en familia o con amigos. Una persona se pone de pie y espera a que otra diga gigante o enano. Cuando la persona grita "¡Gigante!", la otra se pone de puntillas para parecer lo más alta posible. Cuando dicen "¡Enano!", la otra persona se pone agachada para parecer lo más pequeña posible.

Ejercicio 16

El clásico juego *Dónde está la pelota* necesita una pelota pequeña y tres vasos. Pide a alguien que esconda la pelota debajo de una taza y cambia varias veces el lugar de las tres tazas. Presta mucha atención al vaso que esconde la pelota para ver dónde acaba. Adivina dónde está la pelota.

Ejercicio 17

COPIA LA IMAGEN

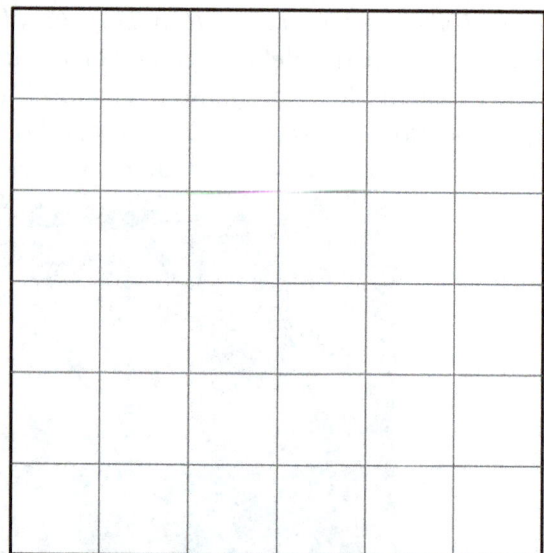

Dibuja en la cuadrícula vacía para crear la misma forma que ves en la cuadrícula de la izquierda.

Ejercicio 18

Incluso buscar objetos en una lista puede ser un gran rompecabezas. Pide a uno de tus padres que haga una lista de los objetos de una habitación (puede ser tu habitación, la cocina, etc.). Intenta encontrar el mayor número posible de objetos de la lista y ve tachándolos a medida que avanzas.

Ejercicio 19

Clasificar por colores es otra actividad que ejercita el cerebro. Consigue muchos bloques de construcción u otros juguetes pequeños de distintos colores. Anota en un papel cuántos son rojos, azules, verdes y así sucesivamente.

Ejercicio 20

Diseña tu propio juego de búsqueda del tesoro creando 5-6 tarjetas de pistas. Pídele a alguien que las coloque por tu habitación o donde juguéis. Si la primera dice: "Mira debajo de tu silla", la segunda debe colocarse debajo de tu silla, etc. Luego, la que se encuentra debajo de la silla te envía a un tercer lugar y a otra pista. Utiliza una golosina en el último lugar; esto te ayudará a querer *completar la caza*, buscando todas las pistas hasta encontrar tu premio.

TARJETAS DE PISTAS
para una búsqueda del tesoro

Pronto encontrarás la pista 1, ¡sólo tienes que girarte!

¡Hurra! ¡Busca la siguiente pista debajo de tu silla!

Una historia que enseña una lección puede llamarse fábula. Busca la siguiente pista debajo de la mesa.

Pista 6 ¿Buscando la siguiente dirección? Ve al lugar donde ves tu reflejo.

¡Aquí está la pista 4! El siguiente lugar se abre y se cierra. ¡Busca junto a una puerta!

¡No te frustres! ¡No te pongas gruñón! Busca la siguiente pista junto al escritorio de alguien.

¿Buscas el eslabón perdido? Echa un vistazo junto al fregadero.

Para lavarte las manos sólo necesitas agua caliente, toallitas de papel y jabón.

Ejercicio 21

Si te gusta bailar, pero no puedes concentrarte en las clases organizadas, organiza una fiesta de baile en casa. Prepara una fiesta temática y pide a familiares o amigos que te acompañen. Es una buena ocasión para sacar a relucir los disfraces de Halloween, ¡ya que harán que la fiesta sea aún más especial! Baila a tu ritmo y quema esa energía inquieta mientras te diviertes.

Sección 3: Mi enfoque y mi atención

La atención es una habilidad única que puede desarrollarse y reforzarse mediante el entrenamiento cerebral y la práctica. Esto es necesario porque es una habilidad que a menudo se ve afectada por el TDAH. Por ejemplo, si tienes TDAH de falta de atención o combinado, puedes perder fácilmente la concentración en lo que estás haciendo.

La atención es una habilidad única que puede desarrollarse y reforzarse mediante el entrenamiento cerebral y la práctica
https://pixabay.com/illustrations/banner-header-attention-caution-1165978/

¿Alguna vez te has encontrado de repente pensando en lo que harás después de clase mientras aún estabas en clase (y se suponía que estabas escuchando al profesor explicar algo)? Tal vez te pidieron que te sentaras en silencio cuando visitabas a unos familiares, pero no podías dejar de moverte nerviosamente. Ambos son ejemplos de problemas de atención. En el primer caso, te distraes con tus propios pensamientos. En el segundo, no puedes concentrarte en sentarte tranquilamente y te mueves impulsivamente.

Una chica llamada Diana tenía un problema parecido. Cada vez que hablaba con su amiga en el colegio, se encontraba pensando en lo que quería comer cuando llegara a casa. Cuando la amiga le hacía una pregunta, no podía responder porque no tenía ni idea de lo que estaba hablando. Su amiga se enfadó y Diana se sintió frustrada, ¡porque no lo había hecho a propósito! Para mejorar su capacidad de atención, Diana empezó a practicar un ejercicio cerebral llamado *mindfulness.*

La atención plena entrena al cerebro para que sea más consciente de lo que está haciendo y no se distraiga con pensamientos o impulsos. En el caso de Diana, el mindfulness o atención plena, le ayudó a desconectar de todo lo demás cuando hablaba con su amiga para poder escucharla con más atención.

Además de la atención plena, hay otras formas de mantener la concentración. A continuación, encontrarás algunas sugerencias.

Ejercicio 22

La forma más fácil de trabajar la concentración es jugar a juegos en los que hay que encontrar un objeto oculto
Muband at Japanese Wikipedia, CC BY-SA 3.0 <http://creativecommons.org/licenses/by-sa/3.0/>, via Wikimedia Commons:https://commons.wikimedia.org/wiki/File:Spot_the_difference.png

La forma más fácil de trabajar la concentración es jugar a juegos en los que tienes que encontrar un objeto oculto. Mira la imagen de arriba. ¿Puedes encontrar las diferencias?

Ejercicio 23

9	3	6
5	8	2
7	4	1

Observa la cuadrícula y busca dos números que sumen 10 (como 5+5, 3+7, etc.). Tacha los números que has emparejado y repite hasta que hayas encontrado todas las parejas.

Ejercicio 24

Jugar con tarjetas de memoria es otra forma de mejorar la concentración. Coloca las cartas boca arriba (creando parejas) e intenta memorizarlas. Colócalas boca abajo y empieza a ponerlas boca arriba de dos en dos para encontrar parejas. Empieza practicando con 6-8 cartas al principio y poco a poco ve memorizando más y más cartas.

JUEGO DE TARJETAS DE MEMORIA

Ejercicio 25

Como alternativa más desafiante al ejercicio anterior de las tarjetas de memoria, puedes colocar las tarjetas boca arriba e intentar recordar el mayor número posible de ellas. A continuación, pídele a alguien que reúna las tarjetas, añada otras y empiece a enseñártelas una a una. Adivina si has visto la tarjeta antes o no para poner a prueba y mejorar tu atención.

Ejercicio 26

Los rompecabezas ponen a prueba tu concentración
https://unsplash.com/photos/person-holding-jigsaw-puzzle-piece-sWlDOWk0Jp8?utm_content=creditShareLink&utm_medium=referral&utm_source=unsplash

Los juegos de rompecabezas clásicos, como un simple rompecabezas, son la prueba definitiva de concentración porque te obligan a prestar atención para ver a dónde van las piezas y cómo armar una imagen para completarla.

Ejercicio 27

El pádel es un juego que combina concentración y movimiento. Empieza a practicar botando la pelota hacia abajo. Tendrás que concentrarte en no perder la pelota y dejar que se mueva sólo entre la pala y el suelo. Cuando domines el rebote hacia abajo, empieza a botar la pelota en el aire.

Ejercicio 28

La combinación de relajación e imágenes positivas es una técnica de atención plena diseñada para mejorar la concentración y ayudar a una persona a aprender nuevas habilidades. Para utilizar este método, piensa en una situación en la que tengas más probabilidades de distraerte o actuar impulsivamente. Después, imagina que no dejas que tus pensamientos o tu comportamiento escapen a tu control en esas mismas situaciones. Por ejemplo, si no puedes prestar atención durante la clase, visualiza que prestas atención todo el tiempo. Tu cerebro aprende estas respuestas y te enseña a permanecer alerta.

Ejercicio 29

El juego de las monedas estimulará tu atención y concentración. Busca una cartulina y un montón de monedas diferentes; necesitarás unas 20. Elige seis monedas del montón y colócalas en fila. Míralas atentamente y luego cúbrelas con la cartulina. Pon en marcha un temporizador de cocina (pregúntale a mamá) o de móvil (si tienes) e intenta hacer la misma fila de monedas con las que quedan en el montón. Cuando hayas terminado, detén el cronómetro y revela la secuencia oculta. Anota si has creado la misma secuencia y cuánto tiempo has tardado en hacerlo. Si no lo has conseguido, tapa la secuencia e inténtalo de nuevo.

Ejercicio 30

Seguir instrucciones de audio hace que la búsqueda de los elementos de una lista sea aún más difícil. Pídele a alguien que utilice una grabadora de voz (en un teléfono móvil) para decir una lista de objetos que tienes que encontrar. ¡Escucha la grabación y empieza a buscar!

Ejercicio 31

Crea tarjetas de pausa cerebral para diferentes situaciones, para saber qué hacer cuando te sientas abrumado. Por ejemplo, si te distraes mientras haces los deberes, saca una tarjeta de pausa mental y haz lo que te indique la tarjeta. Puede ser levantarte y caminar hasta la cocina o hacer un ejercicio rápido de atención plena, como respirar profundamente. Este ejercicio te ayudará a dejar de lado los pensamientos inútiles y que te distraen.

Sección 4: Dominio de la memoria

El TDAH está directamente relacionado con el olvido y la mala memoria de trabajo. Hace que a la persona le cueste concentrarse y recordar tareas o quehaceres. La razón principal es que el TDAH afecta a las *capacidades de funcionamiento ejecutivo*. Estas habilidades son necesarias para rendir bien en la escuela, en casa o en circunstancias sociales (como hablar con los amigos). La buena noticia es que el entrenamiento cerebral puede ayudarte a mejorar estas habilidades trabajando las distintas partes de la memoria, como el recuerdo, la memoria de trabajo y la organización.

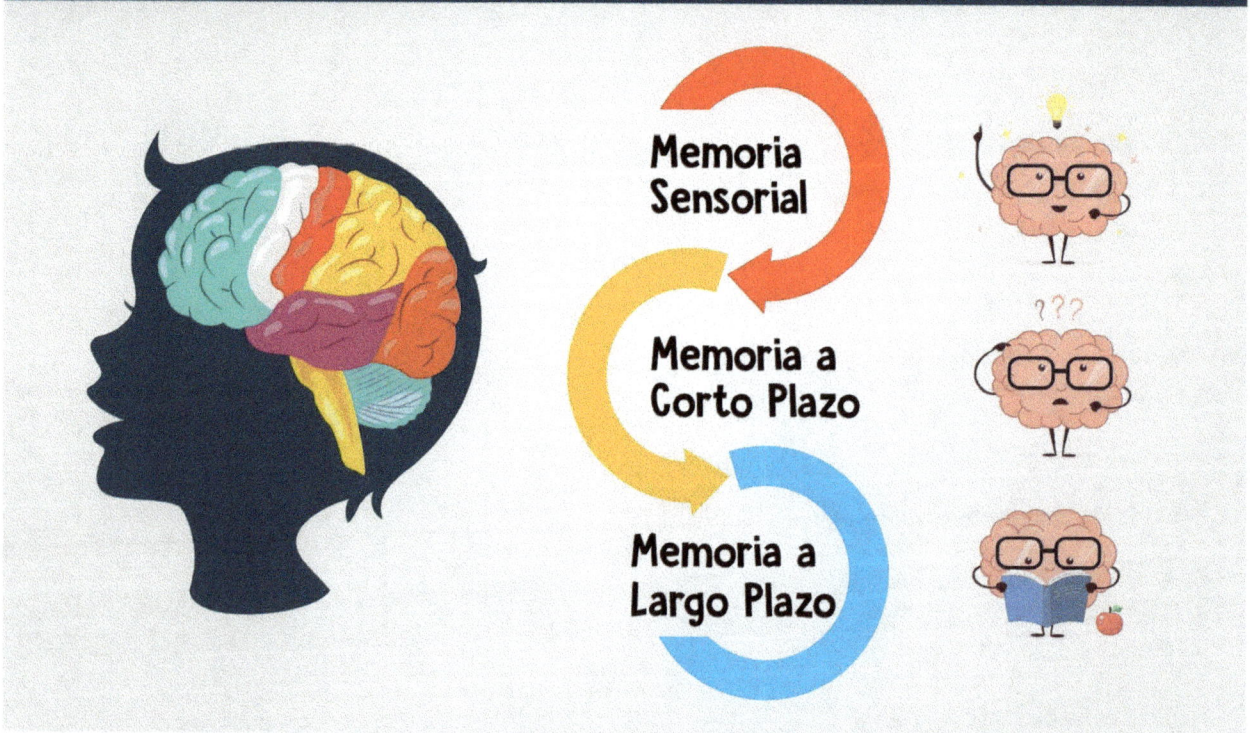

3 TIPOS DE MEMORIA DE TRABAJO

Memoria Sensorial

Memoria a Corto Plazo

Memoria a Largo Plazo

Las habilidades especiales pueden ser *reguladoras* y *organizativas*. Las primeras incluyen la toma de decisiones, el control de los sentimientos, la concentración en cómo experimentas todo lo que te rodea y el inicio de una acción. Todas ellas afectan a la memoria porque influyen en el funcionamiento del cerebro. Las habilidades *organizativas* ayudan a reunir información sobre las habilidades reguladoras.

La memoria tiene distintas formas. Por ejemplo, la *memoria de trabajo* es la que utilizas cada día para recordar cosas que tu cerebro almacena en distintas partes de la mente. La *memoria a corto plazo* te permite recordar información durante un breve periodo de tiempo, como cuando te piden que lleves el plato de la mesa al fregadero después de cenar. La memoria de trabajo ayuda en este proceso, potenciando la memoria a corto plazo.

La *memoria a largo plazo* recuerda información después de un largo periodo de tiempo. Por ejemplo, cuando aprendes a montar en bicicleta, esta información se almacena en tu memoria a largo plazo. Puedes dejar de montar en bici durante semanas o meses (incluso años), pero seguirás recordando cómo hacerlo la próxima vez.

Los problemas de memoria pueden perjudicar tu rendimiento en la escuela a la hora de hacer exámenes o tomar apuntes, o al intentar memorizar información que lees en un libro o escuchas de un profesor. Sin embargo, ¡hay ayuda para esto! Hay formas de estudiar y de gestionar los problemas de memoria en clase. Algunas sugerencias al respecto son:

- Los juegos que requieren concentración y resolución de problemas mejoran la memoria de trabajo y a corto plazo.
- Prueba herramientas de memoria diseñadas para potenciar la memoria a largo plazo, como los recordatorios, para aprender más.
- Utiliza recordatorios de tareas importantes para no olvidarte de nada.
- Si tienes problemas de memoria a corto plazo, *haz una sola tarea cada vez*.
- Mantente físicamente activo, ya que el ejercicio mejora las funciones cerebrales.

Ejercicio 32

El juego *"Memoriza tu pizza"* es sencillo, pero es una ayuda increíble para mantenerte motivado. Dibuja una pizza grande (rellena sólo de salsa). A continuación, crea recortes de ingredientes como pepperoni, queso, pollo, piña, etc., por separado. Recórtalos y coloca cinta adhesiva de doble cara en la parte inferior de cada ingrediente.

Ahora, dibuja varias pizzas con diferentes ingredientes y recórtalas también.

Coge una de las pizzas, mírala y déjala a un lado. Intenta recrear esa pizza pegando los ingredientes adecuados en la masa vacía.

Ejercicio 33

En el *Juego de la maleta*, un jugador dice a todos lo que metería en una maleta. Los demás deben recordar esta lista y, a continuación, un segundo jugador la repite y añade un nuevo elemento a la lista. El tercero hace lo mismo, y así sucesivamente. Cada jugador tiene que recordar lo que todos los demás han añadido a la maleta, ¡y la lista va creciendo!

Ejercicio 34

Coloca 20 objetos en una bandeja y obsérvalos detenidamente. Cubre la bandeja con un papel grande e intenta recordar los objetos que has visto en ella. Pon un cronómetro durante 30 segundos y escribe todos los objetos que recuerdes haber visto. Destapa la bandeja para ver cuántos has acertado.

Ejercicio 35

El yoga es una forma estupenda de activar la memoria. Siéntate en el suelo con las piernas cruzadas. Cierra el puño con la mano derecha y saca el pulgar. Mientras lo mantienes cerrado, cierre el puño con la mano izquierda y saca el meñique. Sin mirarte las manos, cambia la posición de los dedos sacando el meñique a la derecha y el pulgar a la izquierda. ¡Sigue haciéndolo hasta que te resulte más fácil!

Ejercicio 36

Con un poco de creatividad, puedes crear tu propio juego de tarjetas de memoria. Recorta 20 papeles del tamaño de una tarjeta y escribe una palabra en cada uno (utiliza palabras de objetos cotidianos, animales, etc.). Coloca seis tarjetas y memoriza las palabras que contienen. Baraja las tarjetas con las demás y, a continuación, pide a alguien que empiece a elegir las tarjetas una a una. Su objetivo es identificar si la palabra que ve en las tarjetas estaba entre las seis que vio antes.

Ejercicio 37

Durante la actividad *Tarro de recuerdos*, puedes jugar a un juego divertido durante más tiempo. Por ejemplo, puedes crear tarros de recuerdos para las vacaciones, el curso escolar o el verano que pasas jugando con los amigos. Cada día o cada semana (según la duración del período), escribe tu recuerdo favorito en un trocito de papel y colócalo en un tarro de cristal. Al final del periodo, vacía el contenido del tarro y repasa tus recuerdos favoritos. ¿Te acuerdas de cada uno de ellos?

Ejercicio 38

Para jugar al *juego Picnic*, debes encontrar los siguientes objetos en tu casa: fruta (cualquier fruta sirve), una pelota, un sombrero, jamón, queso, platos, ensalada, galletas, una manta, gafas de sol, una pelota, yogur, tu bebida favorita, pan, crema solar, repelente de insectos. Sólo tienes dos minutos para mirar esta lista. Después, reúne todos los artículos que recuerdes haber visto en una cesta de picnic. ¿Cuántos has conseguido?

Ejercicio 39

Intenta recordar el mayor número posible de criaturas marinas
https://pixabay.com/illustrations/aquarium-fish-fish-tank-sea-life-284551/

26

Observa la imagen de arriba durante un minuto. Cubre el papel e intenta recordar el mayor número posible de criaturas marinas.

Ejercicio 40

Para jugar al *juego de memoria de la poción mágica,* escribe los ingredientes que pondrías en una poción mágica y da rienda suelta a tu imaginación. Mira la lista durante dos minutos y luego pon el papel boca abajo. Pon un cronómetro durante un minuto. Durante ese tiempo, intenta recordar todos los ingredientes que puedas. Guárdalos en tu mente y compara tu lista mental con la lista real.

Ejercicio 41

Pide a alguien que lea lo siguiente en voz alta (sin mirarlo tú):

- Barco marrón.
- Loro amarillo.
- Casa gris.
- Gorra azul.
- Coche rojo.
- Rana verde.
- Regalo rosa.
- Tarta morada.
- Globos naranjas.

Colorea los objetos de abajo con los mismos colores.

¿Te acuerdas del color?

https://pixabay.com/vectors/boat-sailboat-coloring-page-sailing-6769421/

¿Te acuerdas del color?

https://pixabay.com/illustrations/parrot-nature-bird-animal-outline-8214921/

¿Te acuerdas del color?

https://pixabay.com/illustrations/picture-puzzle-coloring-page-4286688/

¿Te acuerdas del color?

https://pixabay.com/vectors/hat-baseball-cap-clothing-sports-25757/

¿Te acuerdas del color?

https://pixabay.com/zh/illustrations/flowers-vehicle-sketch-coloring-7572687/

¿Te acuerdas del color?

https://pixabay.com/vectors/frog-amphibian-animal-happy-152259/

¿Te acuerdas del color?

https://pixabay.com/vectors/gift-present-ribbon-wrapped-150344/

¿Te acuerdas del color?

https://pixabay.com/vectors/cake-food-eat-cute-dessert-6387872/

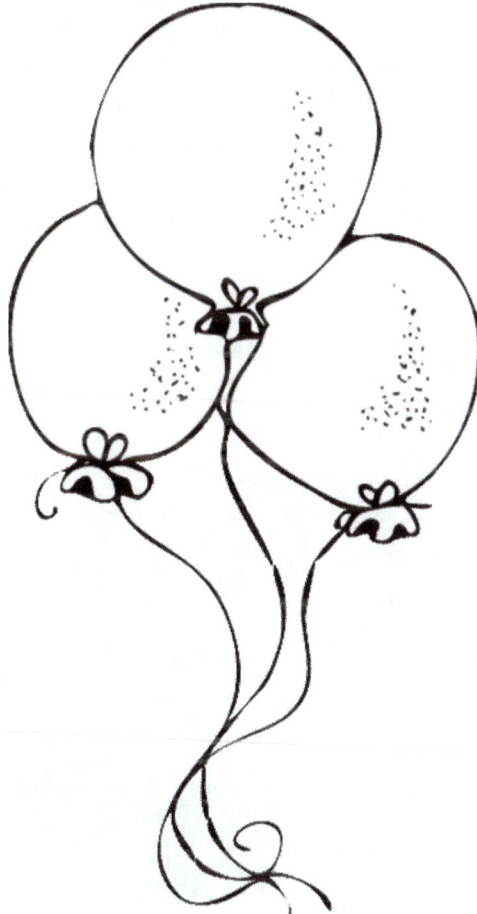

¿Te acuerdas del color?

https://pixabay.com/vectors/balloons-celebrate-birthday-holiday-42349/

Sección 5: Las grandes emociones

Las personas con TDAH experimentan las emociones de forma diferente y más profunda, por lo que a menudo se sienten abrumadas por ellas y se comportan de forma agresiva.

Las *emociones fuertes* son sentimientos muy intensos que pueden provocar sensaciones en todo el cuerpo. También son más difíciles de manejar, ya que pueden hacerte sentir que pierdes el control. Puede que incluso te cueste describir cómo o por qué te sientes así, porque los sentimientos te invaden sin previo aviso. Estas emociones no son malas y todo el mundo las tiene de vez en cuando.

Uno de los beneficios del entrenamiento cerebral es que te ayuda a controlar y gestionar grandes sentimientos como la ira, la frustración, la tristeza, la excitación, etc. Para entender cómo funciona esto, primero tendrás que explorar qué son las emociones, su uso y su importancia en tu vida.

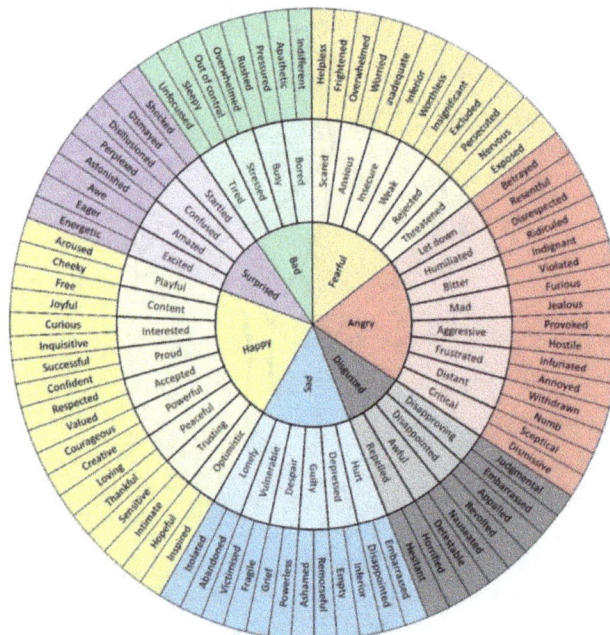

Tienes que explorar qué son las emociones, su uso y su importancia en tu vida

Sydtomcat, CC BY-SA 4.0 <https://creativecommons.org/licenses/by-sa/4.0>, via Wikimedia Commons:https://commons.wikimedia.org/wiki/File:Emotions_wheel.png

La incapacidad para controlar las grandes emociones que surgen de la nada es un problema común que tienen las personas con TDAH. Tus amigos que no tienen TDAH pueden manejar las burlas o la frustración cuando algo no sale según lo planeado dejándose llevar por estos sentimientos, pero tú no puedes porque tus emociones son más intensas.

Ejercicio 42

Las emociones intensas pueden sentirse a veces como huéspedes no invitados en tu mente. Sin embargo, por muy desagradables que sean, si las saludas con la siguiente *bienvenida para huéspedes no invitados*, podrás demostrarles que ya no pueden molestarte más:

Esta es una casa de huéspedes que recibe nuevas llegadas todos los días.

Algunas son inesperadas, pero aun así las acojo a todas.

Aunque me pongan triste o ansioso y amenacen con hacerme perder el control,

trataré a mis huéspedes con respeto.

Porque sé que no son para siempre y que tienen un propósito.

Cuando oscurece, siempre hay luz.

Al invitar a las emociones oscuras, invito también a la positividad.

Agradezco lo que venga porque me ayuda a ser más fuerte.

Ejercicio 43

Aquí tienes un cuestionario de comprobación de emociones que te ayudará a conocer mejor tus grandes sentimientos:

- ¿Qué emociones experimentas con más frecuencia?
- ¿Por qué crees que tienes estos sentimientos tan a menudo?
- ¿Sabes por qué aparecen cuando lo hacen?
- ¿Niegas o intentas reprimir tus emociones? En caso afirmativo, ¿cómo te sientes?
- ¿Cómo te sentirías si las aceptaras?
- ¿Tiene algún beneficio aceptar las emociones intensas?
- ¿Has sentido alguna vez que tus emociones son demasiado fuertes?

Ejercicio 44

El ejercicio *"Recordar en positivo"* ayuda a desarrollar la habilidad de rememorar recuerdos positivos del pasado y disfrutar de las emociones positivas que traen consigo. Siéntate en un lugar tranquilo y dedica 10 minutos a recordar un recuerdo que te haga sentir feliz y bien contigo mismo. Intenta visualizar el recuerdo con el mayor detalle posible para centrarte en cómo te hizo sentir. Estás entrenando a tu cerebro para que conserve las emociones positivas durante más tiempo, y esto ayuda a expulsar las negativas.

Ejercicio 45

Recuerda que siempre hay algo por lo que estar agradecido. Piensa en aquello por lo que te sientes agradecido hoy o esta semana, y escríbelo aquí para poder releerlo cuando te sientas mal:

Ejercicio 46

La *autocompasión* te enseña a ser amable contigo mismo cuando te sientes abrumado por la ira, la frustración, la tristeza o cualquier otra emoción negativa. Practicar la autocompasión también te ayudará a sentirte mejor contigo mismo y a centrarte en lo positivo en lugar de en las experiencias negativas. Busca un lugar tranquilo donde puedas dedicar cinco minutos a concentrarte en tu respiración. Inspira y espira profundamente y coloca las manos sobre el estómago. Con cada respiración, recuérdate a ti mismo que, aunque te enfrentarás a momentos difíciles, si te aceptas a ti mismo, nada más importa.

Ejercicio 47

Encontrar el lado positivo de una experiencia negativa te anima a verla como una oportunidad de aprendizaje. Piensa en una experiencia negativa reciente, como cuando te sentiste frustrado porque no podías concentrarte en los deberes o sentiste una rabia incontrolable porque alguien se burló de ti en el colegio. Responde a las siguientes preguntas:

- ¿Cómo te hizo sentir esta experiencia?

- ¿Notas ahora alguna sensación *que no sentías* cuando tuviste la experiencia por primera vez?

- ¿Has aprendido algo de esta experiencia?

_____

_____

- ¿Crees que en el futuro manejarás situaciones similares de la misma manera?

_____

_____

- ¿Qué podrías hacer para manejar mejor estas situaciones?

_____

_____

Ejercicio 48

Otra forma de apreciar tus superpoderes es escribir la historia de tu vida, incluyendo pasado, presente y futuro. Al hacerlo, hazte las siguientes preguntas:

- Cuando miras a tu pasado, ¿hubo retos que superaste?

_____

_____

- ¿Qué puntos fuertes te han permitido superar tus retos?

_____

_____

- ¿Pudiste mantener la calma, concentrarte y pensar antes de actuar?

_____

_____

- ¿Cómo te sientes ahora mismo?

_____

_____

- ¿Tienes los mismos retos?

_____

_____

- ¿Utilizas los puntos fuertes que te ayudaron en el pasado?

_____

_____

- ¿Has descubierto recientemente nuevos superpoderes y cómo pueden ayudarte a superar nuevos retos?

_____

_____

- ¿En qué se diferenciará tu vida futura (escuela, casa, amigos) de la actual?

_____

_____

- ¿Crees que puedes trabajar aún más tus puntos fuertes?

_____

_____

- ¿Harás algo diferente ahora?

_____

_____

- ¿Qué te gustaría conseguir en el futuro y cómo puedes hacerlo?

_____

_____

Ejercicio 49

Al final de cada día, escribe qué actividades agradables hiciste solo (como escuchar música, leer), con otros (como jugar a un juego con tus amigos) y una forma significativa en la que pudiste ayudar a otra persona (como compartir tu almuerzo con un compañero de escuela que no tenía el suyo).

Ejercicio 50

También puedes pedir a tus padres, familiares y amigos que escriban cada uno una lista de las cualidades positivas que creen que tienes. Leer cómo aprecian tu esfuerzo por superar tus retos y te ven comprometido a ser mejor y más feliz seguro que te alegra el día.

Ejercicio 51

El juego *Arenas Movedizas* trata de vencer uno de los sentimientos intensos más comunes asociados al TDAH: la ansiedad (preocupación). Para jugar a este juego, imagina que caminas cerca del desierto y de repente te encuentras en medio de arenas movedizas. En tu mente, ve la arena tragándose tus pies y piensa qué podrías hacer ahora. Probablemente te sentirás ansioso, pero si quieres salir, debes centrarte en cómo escapar. Redirige tus pensamientos hacia la búsqueda de una solución (como agarrar el objeto fijo más cercano). En cuanto esto ocurra, sentirás que tu ansiedad desaparece.

Sección 6: Aprender a autocontrolarse

La *impulsividad* (hacer cosas sin pensar) es otra parte importante del TDAH. Sin embargo, desarrollar mejores habilidades de autocontrol y ser más consciente de tus acciones impulsivas te ayudará a prevenirlas. En su lugar, puede tomar decisiones *intencionadas*. El autocontrol significa saber cómo hacerte cargo de los pensamientos y emociones negativas repentinas que hacen que actúes sin pensar o no de forma aceptable.

El *autocontrol* es un conjunto de habilidades complejas que una persona desarrolla a lo largo del tiempo. Entre ellas se incluyen:

- Control **emocional:** Saber mantener la calma y continuar con lo que debes hacer cuando se producen cambios inesperados o te enfadas.
- Control de los **impulsos:** Comprender la necesidad de hacer una pausa antes de decir o hacer algo.
- Control del **movimiento:** Saber cuándo es apropiado moverse y cuándo permanecer quieto.

El autocontrol es una *habilidad del funcionamiento ejecutivo* que te ayuda a vivir mejor. Te ayuda a llevarte bien con los demás y a aprender en tu entorno. Por ejemplo, el autocontrol te permite mantener la calma incluso si uno de tus amigos dice o hace algo que te molesta durante una partida. Usando el autocontrol, tendrás la paciencia suficiente para esperar tu turno durante las partidas multijugador o esperar en la cola del supermercado.

Autocontrol significa saber hacerse cargo de los pensamientos y emociones negativos repentinos que te hacen actuar sin pensar o no de forma aceptable

https://www.pexels.com/photo/woman-showing-paper-with-prohibition-sign-5723268/

Las personas con TDAH a menudo se frustran cuando no pueden hacer frente a sus retos o se impacientan cuando se sienten forzadas a situaciones que no pueden manejar. Por eso, el autocontrol tiene muchas ventajas cuando se utiliza en la escuela, en casa o en cualquier entorno social.

Ejercicio 52

Una buena pelea de bolas de nieve a la antigua usanza quemará tu exceso de energía y te hará menos inquieto e intranquilo cuando necesites concentrarte en algo. Incluso si vives donde no hay mucha nieve, (o no puedes esperar hasta el invierno), puedes jugar a la versión de interior. Para ello, haz una bola con varios calcetines blancos y ponlos en un pequeño cesto de la ropa sucia. Forma equipos y ¡que empiece la diversión!

Ejercicio 53

Los ejercicios de *atención plena* te enseñan a reconocer y aceptar tus impulsos.

Instrucciones:

1. Siéntate cómodamente, deja que tu cuerpo se relaje y cierra los ojos.
2. Observa cómo se mueve tu pecho al respirar.
3. Inspira por las fosas nasales y luego espira. Continúa respirando lentamente durante un par de minutos.
4. ¿Cómo te sientes? ¿Te hace cosquillas el aire en la nariz al inspirar y espirar? ¿Sientes calor o frío? ¿Sientes que el pecho o el vientre se dilatan más al inspirar?
5. Observa que te sientes mucho más tranquilo, como si nada pudiera molestarte.
6. ¿Sientes algo más en tu cuerpo o en tu mente? ¿Tal vez tristeza, ira o cualquier otra emoción negativa? ¿De dónde vienen? ¿Qué las ha provocado?
7. Piensa en una experiencia negativa que hayas tenido recientemente. ¿Cuándo sentiste por primera vez rabia, tristeza o cualquier otro sentimiento intenso que hayas identificado?
8. Una vez que sepas de dónde proceden los sentimientos, exhala profundamente para dejarlos salir.
9. Abre los ojos y presta atención a cómo te sientes. ¿Se han ido los sentimientos? Aunque no sea así, ahora ya sabes de dónde vienen y puedes hacer algo al respecto.

Ejercicio 54

Esta actividad también te ayudará a detener y seguir los comportamientos impulsivos y sus resultados. Completa la hoja de ejercicios para descubrir cómo.

- Cuando sientas que vas a actuar impulsivamente, piensa en lo que vas a hacer. Pregúntate por qué lo haces cinco veces y anota cada respuesta. ¿Ha cambiado la respuesta a la quinta vez?

_____

_____

_____

_____

_____

- ¿Crees que ocurrirá algo malo si no actúas de inmediato? ¿Qué crees que ocurrirá?

_____

_____

_____

- Si reaccionas ante algo que otra persona ha dicho o hecho, piensa si tú haces lo mismo de la misma manera. ¿Qué razones podrían tener para decir o hacer lo que hicieron?

_____

_____

_____

- ¿Qué ocurre si actúas según tus impulsos?

_____

_____

_____

- ¿Y si te permites experimentar los grandes sentimientos, pero encuentras una forma diferente de afrontarlos? ¿Cambiaría eso el resultado? En caso afirmativo, ¿cómo?

_____

_____

_____

Ejercicio 55

Este ejercicio te ayudará a ver los impulsos cuando se produzcan y lo que los desencadena. Hazte las siguientes preguntas cuando estés a punto de actuar:

- ¿Por qué quieres hacerlo?
- ¿Has pensado bien las cosas o estás sacando conclusiones precipitadas?
- ¿Qué hay detrás de tu comportamiento? ¿Tu reacción fue provocada por algo que otra persona dijo o hizo?
- ¿Cómo te sientes? ¿Cumplir tu impulso te haría sentir mejor?
- ¿Qué crees o piensas sobre la circunstancia (lo que ocurrió) que desencadenó tus acciones?
- ¿Puedes cambiar lo que piensas o crees? Si es así, ¿cambiaría tu comportamiento?

- ¿Qué pensarían los demás de tu comportamiento? ¿Actuarían de la misma manera?
- ¿Cómo reaccionarían en su lugar? ¿Su reacción resolvería el problema más rápidamente?

Ejercicio 56

¿Quieres aprender a tomar decisiones más meditadas y dejar de actuar impulsivamente? Esta actividad te enseñará a adquirir la práctica de pensar en las consecuencias de tus actos y en si merecen la pena.

1. Empieza por identificar los *signos físicos*. Por ejemplo, ¿tiendes a apretar el puño antes de actuar impulsivamente? ¿Se te acelera tanto el corazón que parece que se te va a salir del pecho?

2. Cuando notes estos signos, detente e intenta calmarte.

3. Respirar profundamente ralentizará tu corazón y tu respiración. Respira mientras cuentas hasta 10.

4. Piensa por qué quieres actuar impulsivamente. ¿Hay algún problema? Si es así, ¿qué puedes hacer para resolverlo?

5. Una vez que pienses bien las cosas, verás que tener la cabeza despejada te facilita tomar mejores decisiones.

Ejercicio 57

La natación es un deporte que favorece el mindfulness
https://www.pexels.com/photo/2-girl-s-swimming-during-daytime-61129/

Un deporte que favorezca el mindfulness puede ayudarte a controlar tus impulsos. Por ejemplo, la natación mueve todo el cuerpo. Sin embargo, también te hace sentir ingrávido, eliminando las distracciones que dificultan tu consciencia. Al nadar, puedes ser más consciente de tus pensamientos y emociones (para poder identificarlos).

Ejercicio 58

Las artes y las manualidades te ayudan a expresar tus emociones y a aprender más sobre ellas. Ya se trate de pintar, esculpir, tocar música o cualquier otra forma de arte, hará participar a tus sentidos y te hará consciente de tus sentimientos.

Ejercicio 59

Las actividades de entrenamiento de fuerza aumentarán tu autocontrol. Empieza a levantar mancuernas de tamaño infantil durante 15 minutos diarios (este ejercicio te será útil cuando te sientas inquieto o necesites descansar de tareas que requieran concentración), y pronto verás la diferencia en tu control.

Ejercicio 60

Establece objetivos y recompensas por alcanzarlos. Por ejemplo, puedes darte un pequeño capricho cuando no actúes impulsivamente a pesar de sentirte abrumado por grandes emociones. Crea una lista de objetivos más pequeños para recompensas diarias y otros más grandes para premios mensuales. Seguro que te sentirás motivado para trabajar para conseguirlos.

Ejercicio 61

Los juegos de mesa pueden ayudarte a tener paciencia
https://www.pexels.com/photo/close-up-photo-of-monopoly-board-game-776654/

Otra forma de armarse de paciencia y resistirse a los comportamientos impulsivos es jugar a juegos en los que los jugadores deben esperar su turno. Juega a juegos de mesa con tu familia siempre que puedas y verás cómo mejora tu paciencia. Te frustrarás menos a menudo y controlarás mejor tus impulsos.

Sección 7: Planificar como un profesional

Los niños con TDAH necesitan ayuda para planificar. Planificar eficazmente significa entender cómo organizarse, priorizar tareas y gestionar el tiempo. ¿Te cuesta decidir cuánto tiempo tardarás en hacer algo, o *procrastinas* (esperas y esperas y esperas) y siempre acabas llegando tarde? Si la respuesta es afirmativa, no sabes gestionar el tiempo. Del mismo modo, si tiendes a empezar muchas tareas a la vez, pero te cuesta decidir cuáles hacer primero, es que no sabes *priorizar*. Si haces las tareas fuera de orden, de forma diferente y sin motivo, es posible que tengas pocas *dotes organizativas*. Por suerte, la práctica hace al maestro.

Los niños con TDAH necesitan ayuda para planificar
https://unsplash.com/photos/person-writing-bucket-list-on-book-RLw-UC03Gwc?utm_content=creditShareLink&utm_medium=referral&utm_source=unsplash

Ejercicio 62

Aprender a planificarse con regularidad es más una práctica que un ejercicio, pero es el primer paso para desarrollar potentes habilidades de planificación.

Instrucciones:

1. Hazte con un calendario y marca en él las tareas y fechas importantes.
2. Utiliza una lista de comprobación para las tareas sin fecha de entrega.
3. Crea recordatorios para las fechas límite.
4. Divida las tareas grandes en otras más pequeñas.
5. Incluye las tareas pequeñas en tu agenda diaria para asegurarte de que se van a hacer.
6. Escribe cada fin de semana una lista de tareas para el mes siguiente.
7. Ten objetivos claros: tanto los objetivos pequeños como los grandes pueden motivarte.

A final de mes, fíjate en las tareas que has hecho y en las que no. ¿Qué te impidió completarlas todas?

Ejercicio 63

La actividad *cuidado con los errores* tiene las siguientes reglas:

- No empieces a trabajar en objetivos sin una estrategia para llevar a cabo cada tarea, o te distraerás y no conseguirás completarlos.
- No planifiques todo con pequeños detalles a medida que cambien los planes; si esperas ceñirte a planes que no funcionan, te frustrarás.
- No olvides pensar por qué te has fijado un objetivo concreto.
- Si te das cuenta de que has empezado a procrastinar, recupera el tiempo perdido lo antes posible.
- En lugar de dejarte llevar por el pánico si tienes que cambiar el plan, pivota y piensa en otras formas de seguir trabajando para conseguir tu objetivo.
- No dediques todo tu tiempo a planificar; ¡asegúrate de que sigues por el buen camino *trabajando de verdad*!

Ejercicio 64

El método de los objetivos **SMART** es una forma excelente de adquirir el hábito de *priorizar*: decidir qué tareas deben completarse de inmediato y cuáles pueden esperar. Por ejemplo, entre un proyecto escolar para dentro de dos días y un examen para dentro de dos semanas, el *proyecto va primero*. ¿Por qué? Porque hay que entregarlo antes. Los objetivos **SMART** funcionan para las personas con TDAH porque les motivan a planificar mejor.

- Específicos (tener claro el objetivo).
- Mensurable (necesitas hacer un seguimiento de tu éxito).
- Alcanzable (sabes con certeza que puedes conseguirlo en el plazo establecido).
- Relevante (se gana algo con su consecución).
- Limitado en el tiempo (hay una fecha límite).

Cuando fijes objetivos **SMART**, establece puntos de control periódicos para detenerte y observar tus progresos. Te motivará para seguir por el buen camino y completar tu plan.

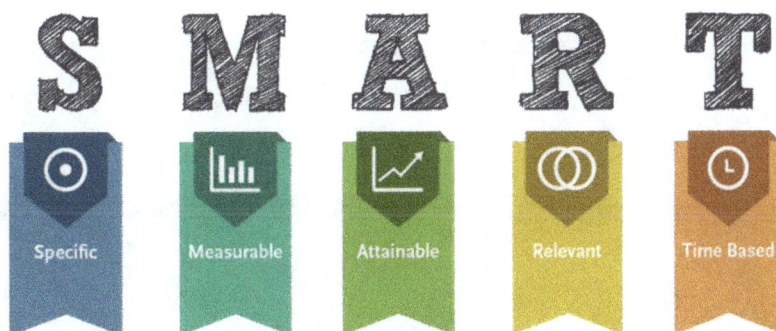

Cuando establezcas objetivos SMART, establece puntos de control periódicos para detenerte y observar tus progresos
Dungdm93, CC BY-SA 4.0 < https://creativecommons.org/licenses/by-sa/4.0 >, via Wikimedia Commons: https://commons.wikimedia.org/wiki/File:SMART-goals.png

Ejercicio 65

Cocinar es una forma fantástica de aprender a planificar. Seguir recetas requiere gestión del tiempo, preparar los ingredientes pone a prueba tu capacidad de organización y realizar los pasos en el orden correcto. Este es un magnífico ejemplo de *priorización*. Cocinar puede ser tan sencillo como preparar una ensalada o un batido. Encuentra una receta que te guste, busca los ingredientes y prepáralos como se describe en las instrucciones.

Ejercicio 66

¿Cuántas veces te has frustrado porque pensabas hacer algo, pero no se lo dijiste a tus padres y ellos tenían otros planes? Para evitarlo, acostúmbrate a dar a conocer tus planes en cuanto los hagas. Cada mañana, cuenta a tus padres lo que has planeado para el día. Comunicar tus planes hace más probable que los cumplas.

Ejercicio 67

El juego *obstáculos en el parque* requiere que planifiques tu ruta a través de un parque imaginario mientras evitas los obstáculos. En pequeños trozos de papel, escribe los diferentes obstáculos como rocas, árboles, perros, edificios, etc. Puedes caminar junto a algunos obstáculos (rocas, por ejemplo), mientras que los perros o los árboles deben evitarse a mayor distancia. Cubre la mesa con papel craft verde para representar el parque. Pide a alguien que determine dónde estarán los obstáculos y los coloque sobre el papel verde. Ahora te toca a ti planificar cómo llegar de un extremo a otro del parque.

Ejercicio 68

Cuánto tiempo se tarda en hacerlo es una actividad que te ayuda a organizar tu horario en función del tiempo que se tarda en hacer las actividades incluidas. En un papel grande (o en una aplicación de planificación en el teléfono), establece una cuadrícula de tiempo detallada en incrementos de 5 minutos. Crea una lista de tus actividades y pon todo en la cuadrícula estimando cuánto tardas en hacerlo. Por ejemplo, puedes calcular cuánto tardas en organizar la mochila y el material escolar. Así sabrás si la tarea es algo que debes hacer por la mañana o por la tarde.

Ejercicio 69

La jardinería puede ayudarte a planificar
https://www.pexels.com/photo/women-gardening-5529587/

Si tienes un huerto, puedes ver cuánto trabajo de planificación conlleva plantar tus flores u hortalizas. Pide a un adulto que te ayude a determinar qué plantas deben ir dónde. Por ejemplo, a algunas plantas no les gusta la sombra, así que deberían ir en un lugar soleado. Tendrás que prestar atención al aspecto de tu jardín y al espacio de que dispones y planificar en consecuencia. Si vas a plantar flores parecidas, piensa qué colores combinan bien y planifica su colocación para que combinen lo mejor posible.

Ejercicio 70

El *"¿Qué hago primero?"* es un ejercicio de capacidad para establecer prioridades. Imagina que tienes cinco horas entre que llegas a casa del colegio y te vas a la cama. Esto es lo que tienes que hacer durante ese tiempo:

- Quedar con los amigos.
- Lavarte.
- Cenar.
- Cambiarte de ropa.
- Hacer los deberes para mañana.
- Trabajar en una tarea para dentro de una semana.
- Jugar con el teléfono o el ordenador.
- Prepararte para ir a la cama.
- Preparar la mochila para el día siguiente.

¿En qué orden debería realizar todas estas tareas?

¿QUÉ HAGO PRIMERO?

○ _____
○ _____
○ _____
○ _____
○ _____
○ _____
○ _____
○ _____
○ _____
○ _____

Ejercicio 71

¿Tienes alguna cita motivadora que te gustaría poner en tu habitación? Piensa dónde colocarla y cuánto espacio tienes para ella. Escribe tu cita motivadora, asegurándote primero de que tienes espacio suficiente para todas las palabras. O, si se te da bien el ordenador, diséñala con un programa digital.

Sección 8: Habilidades sociales y autoestima

Con el TDAH, puede que te resulte difícil gestionar tus emociones cuando socializas con grupos grandes. Puedes perder la confianza en ti mismo y tener dificultades para hacer amigos. Afortunadamente, trabajar tus habilidades sociales puede aumentar tu autoestima. Una de las principales partes del aprendizaje de las habilidades sociales es la lectura de las *señales sociales*: ¡indicios sobre lo que realmente está pasando con la gente!

Uno de los aspectos fundamentales del aprendizaje de las habilidades sociales es la lectura de las señales sociales
https://pixabay.com/vectors/argument-couple-disagreement-female-2022605/

Las señales sociales son una forma de comunicación no verbal entre las personas. Por ejemplo, puedes darte cuenta de que tu compañero de clase se enfada por algo que has dicho viéndole fruncir el ceño y darse la vuelta. Puede que no digan que están enfadados, pero esos indicios te indican que les preguntes qué les pasa. O puede que otro amigo te sonría, comunicándote sin palabras que quiere jugar contigo.

Además de estos ejemplos, las señales sociales pueden dividirse en cuatro categorías:

- **Expresiones faciales:** Fruncir el ceño, sonreír, perplejo, neutro, etc.

Las señales sociales son una forma de comunicación no verbal entre las personas
https://www.pexels.com/photo/collage-of-portraits-of-cheerful-woman-3807758/

- **Espacio personal:** Acercarse o alejarse de los demás indica el nivel de comodidad personal.
- **Tono vocal:** El tono de la voz puede ser agudo o grave, o intermedio, y te puede decir más sobre lo que alguien quiere decir. Por ejemplo, si te saludan en voz baja y con la cabeza gacha, significa que no están entusiasmados por verte. Puede que algo les preocupe.

- **El lenguaje corporal:** Encorvarse, postura erguida, cruzarse de brazos, darse la vuelta, etc.

Estas pistas (*indicios*) te ayudan a averiguar lo que piensan y sienten los demás; de ese modo, puedes reaccionar adecuadamente en distintas situaciones. Si no captas las pistas sociales, puedes crear malentendidos, lo que afectará a tus relaciones.

Ejercicio 72

Aprender a leer las señales no verbales es una forma estupenda de mejorar tus habilidades sociales. Aquí tienes algunos consejos sobre lo que debes tener en cuenta:

- **Escucha a alguien hablar.** ¿Alterna el tono de voz entre agudo y grave? Si es así, probablemente esté intentando comunicar algo importante.

Escucha a alguien hablar
https://pixabay.com/vectors/sound-listening-man-ear-hearing-159915/

- Si enfatizan las palabras hablándolas más alto, ésta es la información que debes escuchar.

- Si hablan rápido, probablemente estén nerviosos; si hablan despacio, están relajados y confiados.

- ¿Hacen pausas largas y se vuelven hacia ti mientras hablan? Si es así, están esperando a que les respondas.

- ¿Las expresiones faciales son acogedoras (como una sonrisa, los ojos abiertos, etc.) o no (fruncen el ceño, levantan las cejas)?

- ¿Te miran a los ojos o en otras direcciones? Cuando alguien está interesado en hablar contigo, te mirará a los ojos con más frecuencia.

- ¿Están cerca, girados hacia ti con su cuerpo, o están medio de espaldas? Esto es una señal clara de que no están interesados.

- ¿Utilizan gestos de bienvenida, como mover los brazos abiertamente a los lados, o negativos, como mover la cabeza o encogerse de hombros?

Ejercicio 73

La merienda silenciosa es un juego de comunicación sin voz que se basa exclusivamente en señales sociales. Reúne a tus amigos o familiares y coloca varios aperitivos en cuencos individuales. Coloca los cuencos sobre la mesa y pide a todos que dejen de hablar durante el juego. Los jugadores deben intercambiarse los cuencos y compartir sus opiniones sobre el aperitivo utilizando únicamente gestos, expresiones faciales y lenguaje corporal.

Ejercicio 74

El clásico juego de *Charadas* puede ayudarte a leer y practicar las señales no verbales. Reúne a tus compañeros y elegid los escenarios, personas o animales que queráis representar. Incluye también emociones (como tristeza, miedo, aburrimiento, recelo, orgullo, felicidad, etc.). Con este juego desarrollarás muchas habilidades sociales y aumentarás tu confianza al utilizarlas.

Ejercicio 75

También puedes aprender señales no verbales de las películas. Ve tu película favorita durante 10 minutos. Párala y piensa qué señales no verbales has visto. ¿Te han ayudado a entender lo que pasa en la película? ¿Te han confundido algunas de ellas? Si es así, pregunta a tus padres qué significan esas señales.

Ejercicio 76

¡Empieza por ti mismo! Piensa en cómo actúas en determinadas situaciones. Cómo transmites con tus señales no verbales que eres:

Sorprendido o _____
_____

Decepcionado o _____
_____

Confundido o _____
_____

Triste o _____
_____

Enfadado o _____
_____

Nervioso o _____
_____

Ansioso o _____
_____

Orgulloso o _____
_____

Empieza a observar a los demás. ¿Te das cuenta de que utilizan las mismas señales que tú para transmitir los mismos sentimientos y pensamientos?

Ejercicio 77

Crear confianza es fácil con el ejercicio de la *escalera de los logros*. Piensa en una habilidad que quieras mejorar: debe ser una habilidad que puedas medir y seguir su progreso. Por ejemplo, si te cuesta sentarte sin moverte durante más de 10 minutos, ponte como objetivo permanecer sentado durante 12 minutos. Cuando lo consigas, aumenta el tiempo.

Ejercicio 78

Otro ejercicio para aumentar la autoestima es comunicarte como si fueras tu mascota. Pídele a un amigo que tenga mascota que se ponga de *amigo por correspondencia* contigo. Esto funciona muy bien si tienes problemas para comunicarte directamente con este amigo. Te sentirás menos intimidado si escribes desde la perspectiva de tu mascota en vez de desde la tuya.

Ejercicio 79

El juego del *optimista* te ayuda a construir una imagen positiva de ti mismo. Es ideal para familias en las que todos pueden participar para crear un ambiente positivo. Escribe los nombres de todos en un papel y pídeles que se digan algo bonito, sobre algo que les haga felices, etc. Cuanto más positivo suenes, ¡mejor te sentirás contigo mismo!

Ejercicio 80

¿Hay algo nuevo que quieras probar o una vieja afición que dejaste atrás porque pensabas que no se te daba bien? Encontrar actividades que te gusten y utilizar tus talentos puede ser una gran inyección de confianza. Haz una lista de estas actividades y pide sugerencias a tus padres si no sabes por dónde empezar. Intenta primero niveles de dificultad bajos y crea un plan para alcanzar niveles más altos; esto aumentará tu motivación.

Ejercicio 81

La *hoja de ruta de la resiliencia* te enseña cuáles son tus puntos fuertes para que puedas sentirte orgulloso de ti mismo. Relaciona las experiencias negativas, como la cancelación de una actividad, una discusión con un amigo, el fracaso en la consecución de un objetivo, los malos tratos, etc., con reacciones positivas.

Sección 9: La unión hace la fuerza

Como su nombre indica, esta sección reúne todas las destrezas necesarias en un solo lugar y te ofrece diez ejercicios más para practicarlas.

Ejercicio 82

El juego del *libro de cuentos* puede mejorar tu atención, memoria y capacidad de organización. Todo lo que necesitas es tu libro favorito, un trozo de papel y alguien que escriba un par de preguntas sobre lo que vas a leer. Las preguntas pueden incluir:

- ¿Quién es el personaje principal?
- ¿Qué hace (nombre del personaje) cuando llega a (lugar descrito en la historia)?
- ¿Qué te parecen sus acciones?
- ¿Qué habrías hecho tú en su lugar?

Ejercicio 83

Como alternativa a la actividad anterior, lee un par de párrafos de un libro que estés leyendo por primera vez e intenta adivinar cómo se desarrollará la historia. Tendrás que recordar lo que has leído antes para mantenerte fiel a la historia original, pero utiliza tu imaginación (y tu capacidad de planificación) para imaginar lo que podría ocurrir a continuación. Vuelve a leer la historia durante unos minutos. Después, compara la historia original con lo que se te ha ocurrido. Repite esta operación un par de veces para aumentar la concentración, la lógica y la memoria de trabajo.

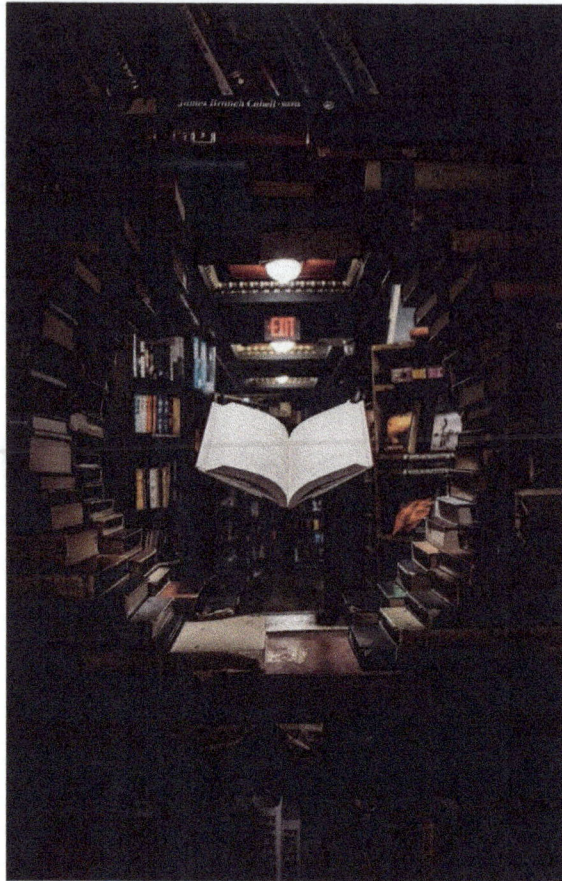

Lee un par de párrafos de un libro que estés leyendo por primera vez e intenta adivinar cómo se desarrollará la historia
https://unsplash.com/photos/view-of-floating-open-book-from-stacked-books-in-library-HH4WBGNvltc

Ejercicio 84

Ir al zoo es siempre una experiencia divertida, y más aún si la amenizas con un juego. Invita a quien vaya a ir a un reto de *espiar animales*. Cada uno escribe los nombres de todos los animales que pueda. Cuando lleguéis al zoo, cada uno intentará descubrir el mayor número posible de criaturas de su lista.

Ejercicio 85

La práctica de la *conciencia motivacional diaria* requiere que encuentres motivación para enfrentarte a tus retos. Hazlo cada día al levantarte. ¿Saber que verás a tus amigos en el colegio te inspira para ir al colegio, aunque sepas que te costará mantener el ritmo durante las clases? Escribe cualquier otra motivación que se te ocurra. Si no se te ocurre nada por la mañana, hazlo por la noche: podrás recordar qué te ha facilitado superar situaciones difíciles durante ese día.

Ejercicio 86

Hasta ahora, tenías un montón de ejercicios que te ayudaban a descubrir tus puntos fuertes. Ahora, piensa en una actividad que los ponga a prueba, como sentarte quieto en una clase, hacer un examen o ver una película con tu familia. Elige las cinco principales facultades que sabes con certeza que te serán útiles y responde a la siguiente pregunta para cada una de ellas:

- ¿Cómo utilizo esta fuerza durante esta actividad?
- ¿Cómo me ayudará utilizar esta fuerza?

- ¿Puedo utilizarla de otra forma mejor?
- ¿Existe un plan y, en caso afirmativo, cuándo me resultará útil esa fuerza?
- ¿Se puede/debe utilizar la misma fuerza varias veces?
- ¿Qué ocurre si la habilidad me ayuda a alcanzar mis objetivos?

Ejercicio 87

La actividad *Veo veo* es una forma estupenda de agudizar la concentración. Puedes jugar a ella en cualquier momento y lugar, y no necesitas ningún material. Por ejemplo, cuando viajes en coche o autobús, presta atención a cuántos coches de distintos colores ves circulando por la carretera. Cuando llegues a casa, intenta recordar y anotar cuántos coches rojos, azules y negros has visto.

Ejercicio 88

Este ejercicio de *relajación muscular progresiva* te ayudará a mejorar todas tus habilidades de funcionamiento ejecutivo. He aquí cómo hacerlo:

1. Ponte derecho e imagina que eres un gato que acaba de despertar de su sueño, dispuesto a fortalecer tus extremidades.
2. Estira los brazos hacia delante, levántalos por encima de la cabeza y luego déjalos caer a los lados.
3. Levanta los hombros hasta que tus orejas los toquen, luego fortalece el cuello.
4. Aprieta fuerte los dientes y relaja la mandíbula.
5. Arruga la nariz y luego relaja la cara.
6. Aprieta el estómago, tan fuerte como cuando te sientes ansioso, y suéltalo.
7. Aprieta los pies contra el suelo como si estuvieras metiendo los dedos en un charco de barro, y relaja las piernas.
8. Por último, deja que tu cuerpo se afloje como si fueras un muñeco de trapo.

¿Te sientes relajado? Hagas lo que hagas después, tu concentración y tu atención serán más firmes.

Ejercicio 89

Durante el ejercicio de *enfoque del día del árbol*, prestarás atención a cualquier experiencia positiva que tengas en tu vida. Puede ser evitar distraerte, mantener la calma cuando te enfrentas a emociones fuertes, seguir un plan o cualquier otra victoria que hayas tenido. La experiencia o el recuerdo representan la raíz de un árbol, mientras que los sentimientos positivos a los que condujo representan sus ramas. Anótalas en un diario con todo detalle (utiliza esa memoria de trabajo) y piensa en los sentimientos positivos que te evocaron.

Ejercicio 90

El fin de la palabra y el comienzo de la siguiente (palabras encadenadas) es una divertida actividad de grupo a la que puedes jugar en cualquier sitio para matar el tiempo. Mejora las habilidades de comunicación, atención y funcionamiento ejecutivo. Un jugador dice una palabra y el siguiente debe escucharla y luego decir una nueva palabra que empiece por la última letra de la anterior.

Ejercicio 91

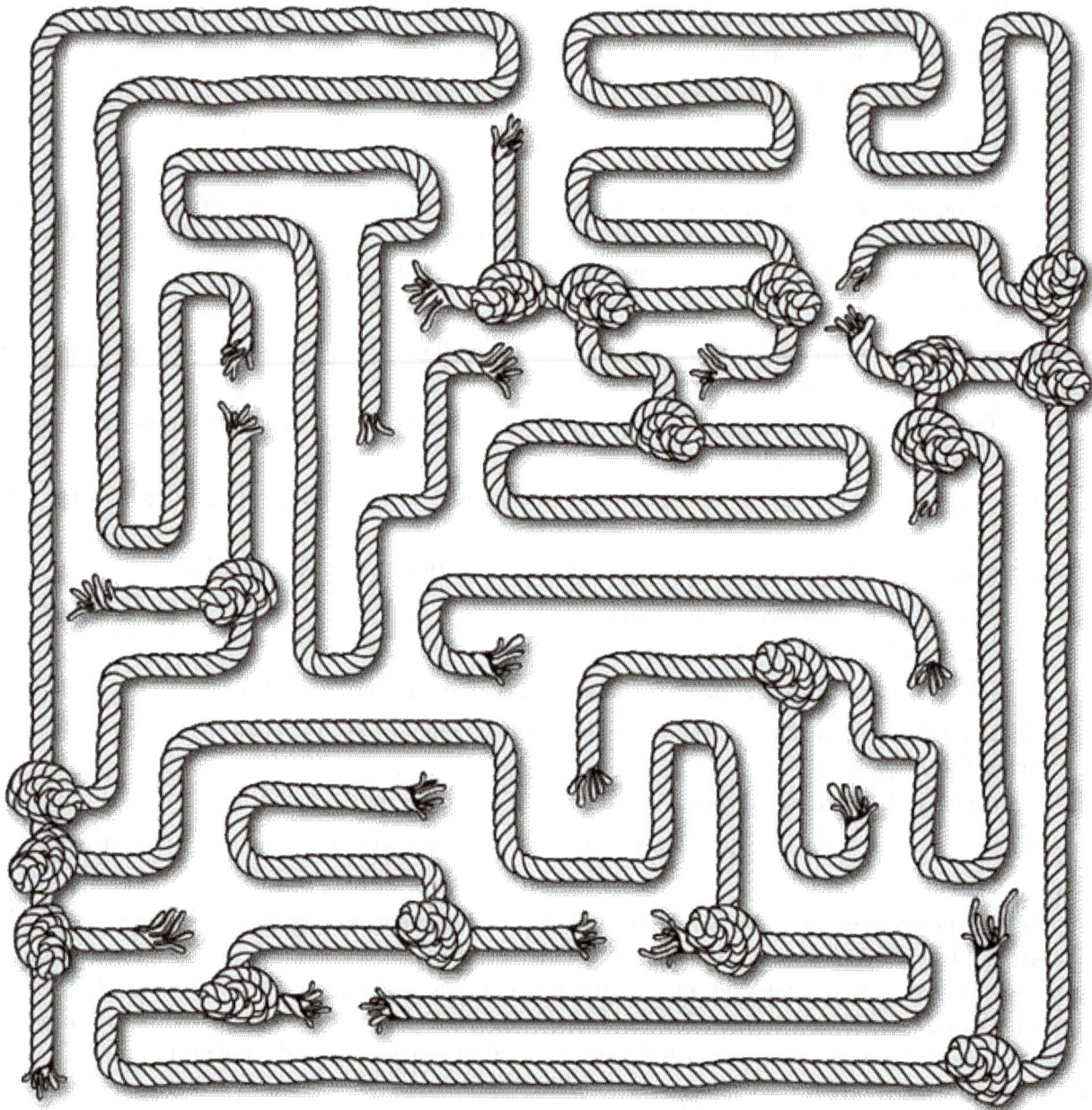

Encuentra el camino de un extremo al otro del laberinto
https://pixabay.com/illustrations/maze-puzzle-riddle-quiz-labyrinth-1560302/

Este ejercicio pondrá a prueba tu capacidad de atención, planificación y pensamiento creativo.

Encuentra el camino de un extremo al otro del laberinto. Haz todo lo posible por no distraerte; no mires ni hacia delante ni hacia atrás.

¿Te ha parecido difícil? ¿Te diste cuenta de que el dibujo parecía una espiral? ¿Qué te ayudó a atravesar la imagen y a mantener la concentración para encontrar la salida?

Actividades extra: Ilusiones ópticas

Los siguientes ejercicios de ilusiones ópticas pretenden mejorar tu capacidad de concentración y atención, así como tu habilidad para detectar pequeños detalles.

Ejercicio 92

¿Puedes *descubrir al perro escondido*? Es un clásico rompecabezas que mejora tu atención a los detalles, ya que te obliga a fijarte mucho en la imagen.

Hay un perro escondido aquí. ¿Puedes localizarlo?

¿Encontraste al perro? ¿Cuánto tardaste en encontrarlo? ¿Te resultó fácil encontrar al perrito entre los gatos?

Ejercicio 93

¿Tienen los raíles la misma longitud?

https://pixabay.com/vectors/railroad-track-rail-transportation-1587328/

Fíjate en las horizontales (que van de izquierda a derecha) de la imagen. ¿Tienen todas la misma longitud?

(¿Cuánto tiempo has tardado en darte cuenta de que tienen la misma longitud, aunque las que están más lejos parezcan más grandes? ¿Fuiste capaz de darte cuenta enseguida de que tienen la misma longitud?)

Ejercicio 94

Fíjate en el dibujo. ¿Las líneas horizontales están niveladas? ¿O están inclinadas?

¿Te ha resultado difícil ver que las líneas son rectas? ¿Te ha resultado difícil distinguirlas por las diferencias entre los cuadrados?

Ejercicio 95

Busca papel craft en varios tonos del mismo color. Recorta tiras del mismo tamaño y colócalas una al lado de la otra, empezando por la más oscura y terminando por la más clara. Fíjate bien en las tiras. ¿Cada una de ellas está formada por un bloque sólido de color?

¿Te ha parecido que, al colocarlas una al lado de la otra, las tiras tienen de repente diferentes variaciones de color? ¿Te ha engañado la ilusión óptica de pensar que las tiras tienen elementos más oscuros y más claros?

Ejercicio 96

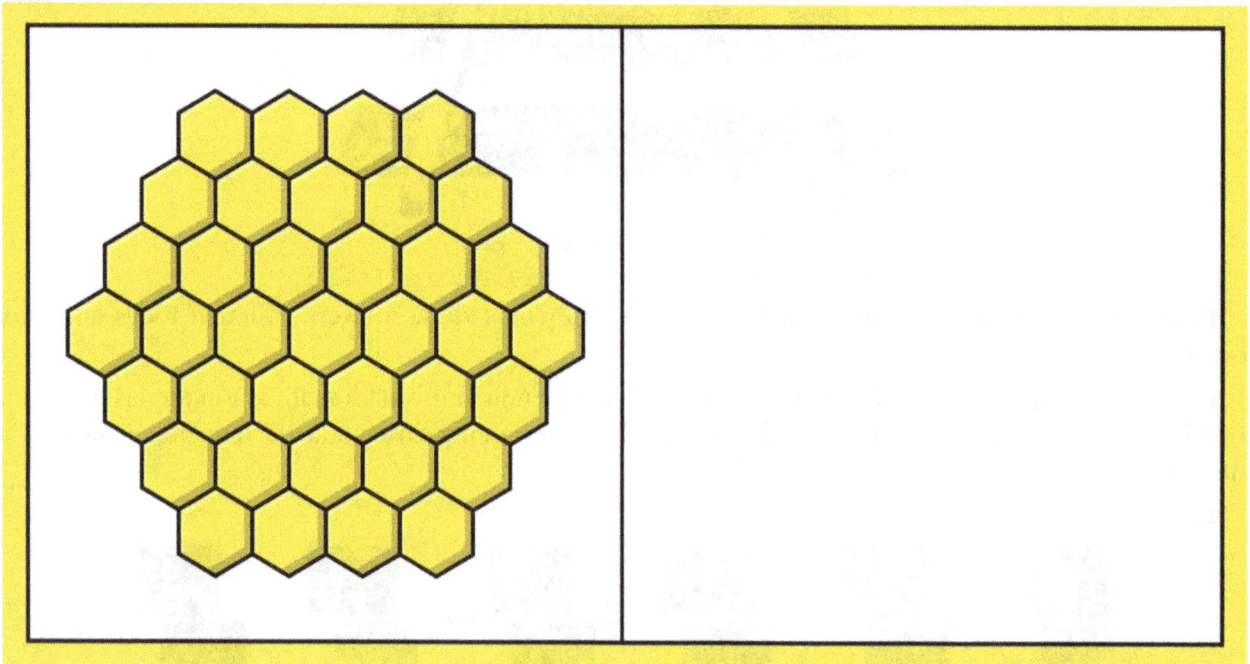

Intenta reproducir el patrón de la primera caja en la vacía. Presta mucha atención a todas las líneas y a cómo se representan en el dibujo.

¿Conseguiste dibujar un patrón parecido al de la imagen? ¿O has tenido problemas para seguir las líneas y has cometido algún error?

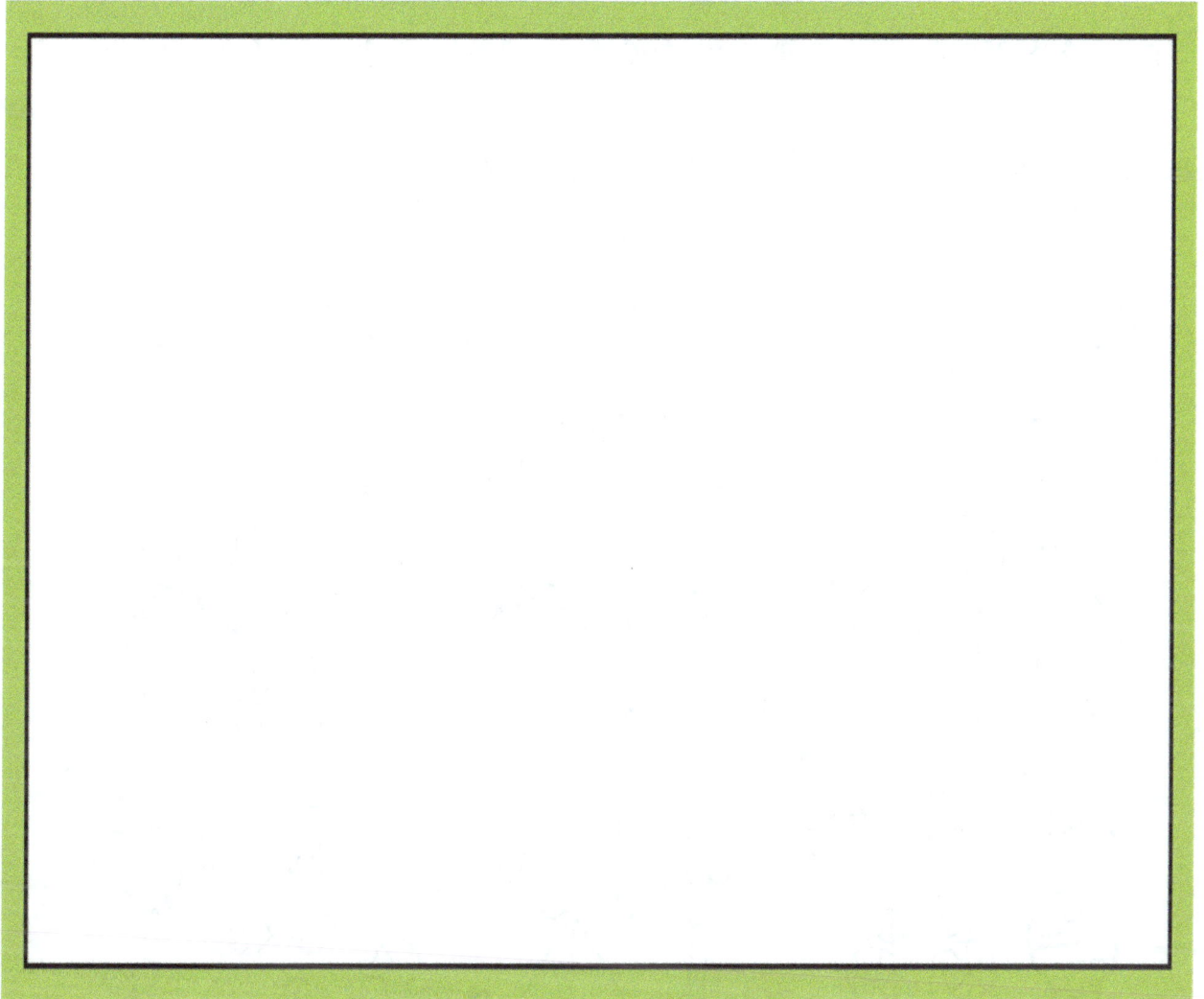

Dibuja dos círculos grandes separados entre sí por un dedo de ancho. Conéctalos con dos líneas. Crea dos cuadrados pequeños delante del primer círculo y después del segundo, a la misma altura que las líneas que los separan. En el primer círculo, dibuja o coloca una pegatina de un pájaro. En el segundo, dibuja una jaula un poco más grande que el pájaro. Recorta los círculos, pero mantenlos unidos en el centro (corta siguiendo las dos líneas que hay allí), y mantén los círculos pequeños unidos a ellos. Dobla la forma en medio de las dos líneas y pega los dos círculos con el dibujo por fuera. Ahora deben tener un cuadradito en ambos lados. Haz un agujero y pasa un cordel por los dos cuadrados. Empieza a retorcer los hilos y tira de ellos bruscamente hacia arriba. Los círculos empezarán a girar rápidamente.

¿Te has dado cuenta de cómo aparece el pájaro dentro de la jaula cuando las dos imágenes parecen fundirse?

¿Puedes espiar con la mirada todos los objetos que no son animales?

¿Puedes espiar con la mirada todos los objetos que no son animales? Coloréalos.

¿Los has encontrado todos y has dejado los animales en blanco y negro?

Ejercicio 99

A partir de un punto medio, dibuja 8 líneas curvas, creando 4 "carreteras" curvas que se unan en el centro. Une las líneas exteriores de las carreteras con dos rayas más pequeñas como si estuvieras dibujando varios círculos grandes o espirales entre las carreteras. Escribe la palabra "brillo" en las cuatro carreteras, ocupando todo el espacio con letras de doble línea. Colorea de amarillo las letras y el interior de uno de cada dos círculos que interceptan los caminos. Colorea de verde los demás círculos y el espacio alrededor de las letras.

Ejercicio 100

Dibuja el contorno de un huevo en un papel blanco. Traza líneas sobre el papel (incluido el huevo). Mantén las líneas rectas por encima, por debajo y al lado del huevo. Sin embargo, cuando una línea llegue al interior del contorno del huevo, dibújala de manera que siga la forma del huevo. Haz que las rayas del interior del huevo se curven hacia arriba en la parte superior y hacia abajo en la inferior. Colorea el espacio entre dos líneas de un color diferente en todo el papel. Dentro del huevo, añade pequeñas formas entre las líneas para decorarlo.

Observa el dibujo.

¿Te has dado cuenta de que las líneas del exterior del huevo parecen ligeramente curvas? ¿Qué te parece esta ilusión óptica?

Ejercicio 101

¿Puedes adivinar los animales por sus sombras?
https://pixabay.com/vectors/animal-bear-collection-silhouettes-1297864/

¿Puedes adivinar los animales por sus sombras? ¿Te ha resultado difícil emparejar la ilusión con el animal real?

Gracias

Gracias por tomarte el tiempo de completar este libro de entrenamiento cerebral. Además de aprender sobre tu enfermedad, ahora dispones de muchas herramientas para introducir cambios positivos en tu vida. Esperamos que las actividades te hayan parecido lo suficientemente atractivas como para esforzarte, y que hayas adquirido nuevas habilidades que te ayuden a superar tus retos. Ahora tienes un cofre lleno de habilidades y estrategias que puedes utilizar cuando te sientas abrumado e incapaz de concentrarte. Enhorabuena por estar un paso más cerca de tu sueño de vivir una vida feliz y productiva. ¡Gracias por liberar tu poder!

Mira otro libro de la serie

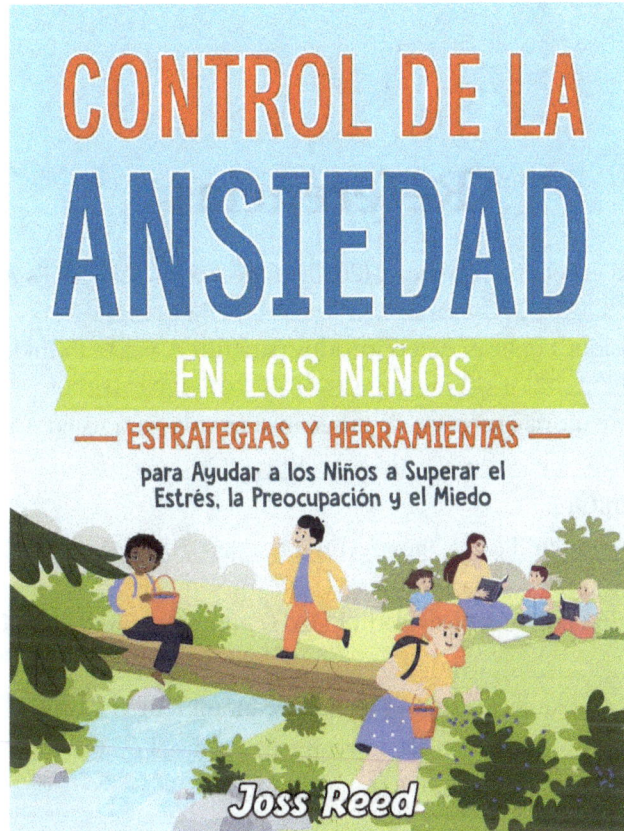

CONTROL DE LA ANSIEDAD EN LOS NIÑOS

ESTRATEGIAS Y HERRAMIENTAS

para Ayudar a los Niños a Superar el Estrés, la Preocupación y el Miedo

Joss Reed

Referencias

Estrategias de 10 minutos para enseñar a planificar. (2023, 16 de mayo). Life Skills Advocate.
https://lifeskillsadvocate.com/blog/10-minute-strategies-to-teach-planning-skills/

51 recursos didácticos de «Ilusiones ópticas» seleccionados para usted. (s.f.). Twinkl.
https://www.twinkl.com/search?q=optical+illusions+worksheets&c=249&r=parent

585 mejores «Actividades de memoria» recursos de enseñanza curada para usted. (sin fecha). Twinkl.

https://www.twinkl.com/search?q=memory+activities&c=249&ct=Other&r=parent

TDAH. (sin fecha). Kidshealth.Org.

https://kidshealth.org/en/kids/adhdkid.html#:~:text=ADHD%20is%20a%20medical%20condition,and%20get%20into%20trouble%20more

Trastorno por déficit de atención con hiperactividad (TDAH) en niños. (sin fecha). Hopkinsmedicine.Org.
https://www.hopkinsmedicine.org/health/conditions-and-diseases/adhdadd

Evite los 5 principales errores de planificación. (sin fecha). Leanoutmethod.Com.
https://www.leanoutmethod.com/blog/avoid-these-top-5-planning-mistakes

Sé consciente para estresarte menos. (sin fecha). Kidshealth.Org.
https://kidshealth.org/en/kids/mindfulness.html

Burch, K. (s.f.). ¿Cuáles son los beneficios de tener TDAH? Verywell Health.
https://www.verywellhealth.com/benefits-of-adhd-strengths-and-superpowers-5210520

Chris Hanson. (2020, 23 de julio). 10 habilidades de planificación que todo niño debería aprender. Life Skills
Advocate. https://lifeskillsadvocate.com/blog/10-planning-skills-every-child-should-learn/

Courtney E. Ackerman, M. A. (2019, 27 de mayo). 49 Actividades, ejercicios y juegos de comunicación.
PositivePsychology.Com.

https://positivepsychology.com/communication-games-and-activities/

Elaine Houston, B. S. (2019, 30 de septiembre). 19 Top Ejercicios de Psicología Positiva para clientes o
estudiantes. PositivePsychology.Com.

https://positivepsychology.com/positive-psychology-exercises/

Consejo de entrenadores de Forbes. (2017, 18 de octubre). Mira antes de saltar: 17 maneras de frenar las
decisiones impulsivas. Forbes.

https://www.forbes.com/sites/forbescoachescouncil/2017/10/18/look-before-you-leap-17-ways-to-slow-down-impulsive-decisions/?sh=525af08b4440

Games, M. E. (2020, 24 de agosto). Los mejores juegos para niños con TDAH. MentalUP.Co; MentalUP. https://www.mentalup.co/blog/attention-games-for-adhd

Goally. (2023, 31 de mayo). Cómo Controlar el Comportamiento Impulsivo en un Niño. Apps y tabletas de portería para niños. https://getgoally.com/blog/how-to-control-impulsive-behavior-in-a-child/

Ilusiones y trucos mentales: ¿te engañan tus ojos? (sin fecha). TheSchoolRun. https://www.theschoolrun.com/illusions-and-mind-tricks-are-your-eyes-fooling-you

Kristin McCarthy, M. E., & More, R. (2021, 16 de diciembre). 41 citas de aprendizaje para niños que los entusiasmarán y motivarán. LoveToKnow.

https://www.lovetoknow.com/quotes-quips/inspirational/41-learning-quotes-kids-get-them-excited-motivated

Low, K. (s.f.). Utilizar la memoria con el TDA como estrategia terapéutica. Verywell mind. https://www.verywellmind.com/add-and-working-memory-20796

Myers, R. (2008, 24 de junio). 10 técnicas de concentración y enfoque para niños con TDAH. Empowering Parents. https://www.empoweringparents.com/article/5-simple-concentration-building-techniques-for-kids-with-adhd/

NeuronUP. (2021, 13 de julio). 5 actividades diseñadas para trabajar con niños con TDAH. Neuronup.Us. https://neuronup.us/neurorehabilitation-activities/activities-for-adhd/5-activities-designed-to-work-with-children-with-adhd/

Sandoval, W. (2021, 5 de octubre). Entrenamiento cerebral para el TDAH: Cómo funciona, ejercicios y tecnología. Healthline.

https://www.healthline.com/health/adhd/adhd-brain-training

Shakibaie, S. (2021, 31 de marzo). 10 Actividades que son buenas para los niños con TDAH. Ready Kids. https://readykids.com.au/10-activities-that-are-good-for-adhd-children/

Sutton, J. (2022, 4 de febrero). Cómo leer las señales de comunicación no verbal: 5 técnicas. PositivePsychology.Com.

 https://positivepsychology.com/nonverbal-communication-cues/

Cómo hablar con tu hijo sobre el TDAH. (2018, 8 de mayo). CHADD. https://chadd.org/adhd-weekly/talking-with-your-child-about-adhd/

Watson, S. (2021, 8 de febrero). 21 maneras de hacer limonada en los momentos más difíciles. ADDitude. https://www.additudemag.com/activities-for-kids-with-adhd-skills-pandemic/

Wright, L. W. (2019, 5 de agosto). Tipos de señales sociales. Understood.

https://www.understood.org/en/articles/4-types-of-social-cues

www.ingramcontent.com/pod-product-compliance
Lightning Source LLC
LaVergne TN
LVHW061328060426
835511LV00012B/1915